市政工程施工标准化指导手册

市政道路工程施工标准化指导手册

Standardized Instruction Manual for Construction of Municipal Road Engineering

陕西华山路桥集团有限公司
刘军涛　王陕郡　编著

中国建筑工业出版社

图书在版编目（CIP）数据

市政道路工程施工标准化指导手册 = Standardized Instruction Manual for Construction of Municipal Road Engineering / 刘军涛，王陕郡编著 .—北京：中国建筑工业出版社，2022.12
（市政工程施工标准化指导手册）
ISBN 978-7-112-28282-1

Ⅰ.①市… Ⅱ.①刘…②王… Ⅲ.①市政工程—道路施工—标准化—手册 Ⅳ.① U415-62

中国版本图书馆 CIP 数据核字（2022）第 244149 号

责任编辑：李玲洁
责任校对：董　楠

市政工程施工标准化指导手册
市政道路工程施工标准化指导手册
Standardized Instruction Manual for Construction of Municipal Road Engineering
陕西华山路桥集团有限公司　编著
　　　　刘军涛　王陕郡

*

中国建筑工业出版社出版、发行（北京海淀三里河路9号）
各地新华书店、建筑书店经销
北京点击世代文化传媒有限公司制版
临西县阅读时光印刷有限公司印刷

*

开本：850毫米×1168毫米　1/32　印张：3½　字数：101千字
2023年2月第一版　2023年2月第一次印刷
定价：**58.00**元
ISBN 978-7-112-28282-1
（40682）

版权所有　翻印必究
如有印装质量问题，可寄本社图书出版中心退换
（邮政编码 100037）

编委会

编著审核组

主　审：张　伟
成　员：杨永锋　方晓明　张　艳　李　军　荣学文
　　　　李晓艳　王新科　李世兵　郭斌强

编写组

主　编：刘军涛　王陕郡
成　员：商博明　刘　阳　彭　欣　刘　哲　田　旺
　　　　张　奇　刘　波　张新华　姬文渊　连　伟
　　　　宋宁波　李　峰　刘　毅　雷　伟　祁熙鹏
　　　　王　平　张少谋　姜靖远　刘学忍　代小影
　　　　白　斌　王　超　罗　飞　张炜德　孙文涛
　　　　剡秋龙　胡　飞　雷玉宾　潘鑫鑫　张艺萌
　　　　牛志宁

前 言

为推行市政道路工程施工标准化、规范化，陕西华山路桥集团有限公司编著了《市政道路工程施工标准化指导手册》(以下简称"手册")。在编制过程中，编制组进行了深入的调查研究和专题研讨，总结了陕西华山路桥集团有限公司在市政道路工程施工与质量验收方面的实践经验，参考了国内外相关规范，并以多种形式广泛征求了基层单位的意见，最后经多次审核修订成书。

本手册的主要内容包括：路基、底基（基）层、面层、附属构筑物。

本手册由陕西华山路桥集团有限公司负责解释。读者在使用本手册过程中，请及时将意见和建议反馈给陕西华山路桥集团有限公司（地址：陕西省西安市国际港务区港兴二路 5699 号招商局丝路中心南区 3 号楼，邮箱：120912300@qq.com），以便今后修订时参考。

目 录

第1章 路基 — 001
- 1.1 施工测量 — 001
- 1.2 场地清理 — 006
- 1.3 路基排水 — 007
- 1.4 路基施工 — 014
- 1.5 路基防护支挡工程 — 032

第2章 底基（基）层 — 040
- 2.1 施工准备 — 040
- 2.2 底基（基）层施工 — 040
- 2.3 新技术应用 — 057

第3章 面层 — 059
- 3.1 透层施工要点 — 059
- 3.2 封层施工要点 — 061
- 3.3 粘层施工要点 — 062
- 3.4 热拌沥青混合料面层施工要点 — 063
- 3.5 水泥混凝土面层施工要点 — 071
- 3.6 料石铺砌人行道面层 — 085
- 3.7 混凝土预制砌块人行面层施工要点 — 087

3.8　沥青混合料铺筑人行道面层　　089
　　3.9　新技术应用　　090

第4章　附属构筑物　　101
　　4.1　路缘石安装控制要点　　101
　　4.2　雨水口及支连管　　104

参考文献　　106

第1章 路基

1.1 施工测量

1.1.1 控制网复测

1 对设计单位提交的导线起终点、水准点应与国家大地点（三角点、导线点）联测，相邻合同段应组织联测；对于所有导线点应按照导线标准进行复测（图1-1）。

测量控制点移交与复核记录

工程名称：			编号：			
建设单位	湖北荆港嘉瑞化工有限公司		设计单位	中交第二航务工程勘察设计院		
监理单位			施工单位	中交第二航务工程局有限公司		
移交依据	长江虎牙滩至城陵矶河段控制成果表		交时间	年 月 日		
移交内容	控制点名称	坐标		高程 (H) m	备注	
		X	Y			
	荆70L4	3328821.946	37629133.509	42.840	堤外顶	
	公3L2	3328532.099	37630175.455	42.793	堤外顶	
附件	1. 长江虎牙滩至城陵矶河段控制成果表					
移交备注	1、坐标系统：1954年北京坐标系 2、高程系统：1985年国家高程基准 注：1956年黄海高程=1985国家高程基准+0.011 m					
移交方（业主或建设单位）			监理单位		接收方（承包人或施工单位）	
交点人：			监理工程师：		接收人：	
现场代表：					技术负责人：	
项目负责人：					项目经理：	
	年 月 日		年 月 日		年 月 日	
本表由承包人填写，一式三份，经各方签认后，业主、承包人、监理各存一份。						

图1-1 控制网复测

2 测量仪器、设备、工具等使用前应进行符合性检查，确认符合要求。严禁使用未经计量检定、校准及超过检定有效期或检定不合格的仪器设备、工具。

3 原有导线点、水准点不能满足施工要求时，需增设满足响应精度要求的附合导线点、水准点，对可能受施工影响的导线点、水准点，施工前应加以固定或改移，并满足其精度。施工过程中应保护好所有控制桩点并及时恢复被破坏的桩点，控制桩点应进行不定期检查和定期复测，复测周期应不超过 6 个月，加密网两次复测的间隔时间不应超过 3 个月，季节性冻融地区在冻融后也应进行一次复测（图 1-2、图 1-3）。

图 1-2　控制网布设

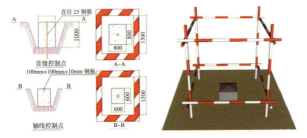

图 1-3　控制点保护措施

1.1.2　施工测量要点

1 施工中应根据施工方案布设施工中线与高程控制桩，并根据工序要求布设施工控制桩（图 1-4）。

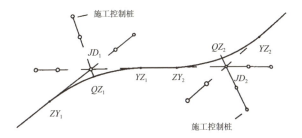

图 1-4 布设施工控制桩

2 测量作业前、后均应采用不同数据采集人核对的方法,分别核对从图纸上所采集的数据、实测数据的计算过程与计算结果,并应据以判定测量结果的有效性。

3 施工布桩,放线测量前应建立平面、高程控制网,根据实地情况埋设牢固,保证通视良好。

4 施工准备阶段核对占地、拆迁范围时,应在现场测设道路施工范围边线。

5 当工程规模较大、测量桩在施工中可能被损坏时,应设辅助平面测量基线与高程控制桩。

6 城镇道路测量应符合下列规定:

1)高程测量视线长宜控制在 50~80m(图 1-5)。

图 1-5 高程测量

2）道路中心线放样间距宜为 10~20m。平曲线和竖曲线桩应在道路中心线桩、边桩的测设中完成，并标出设计高程。当曲线长度小于或等于 40m 时，桩间距宜小于 5m；当曲线长度大于 40m 时，桩间距宜小于或等于 10m。

3）交叉路口路面高程作业测量应按设计规定的高程方格网、分层测定高程。

4）与路面有关的附属构筑物的外观控制测量的施工测量记录及结果均应在正式记录本上填写，并按规定整理测量资料。

5）同一建设项目应采用同一高程系统，并应与相邻项目高程系统相衔接。

1.1.3　新技术应用

1　无人机数字航空摄影测量应用

1）无人机测绘遥感，就是综合集成无人飞行器、遥感传感器、遥测遥控、通信、导航定位和图像处理等多学科技术，通过实时获取目标区域的地理空间信息，快速完成遥感数据处理、测量成图、环境建模及分析的理论与技术（图 1-6）。

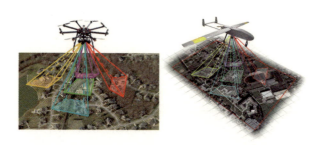

图 1-6　无人机数字航空摄影测量

2）测绘遥感应用：

① 4D 测绘成果生产；

② 倾斜摄影三维实景建模；

③ 空中全景摄影；

④ 突发事件应急处理应用。

3）影像数据处理及测绘成果制作（图1-7）。

图1-7 影像数据处理及测绘成果制作流程

4）产品成果（图1-8和图1-9）：

图1-8 DEM数字高程模型和DOM数字正射影像

图1-9 DLG数字线划地图和DRG数字栅格地图

2 测量机器人应用技术

1）测量机器人是一种能代替人进行自动搜索、跟踪、辨识和精确照准目标并获取角度、距离、三维坐标以及影像等信息的智能型电子全站仪。

2）测量机器人是一种集自动目标识别、自动照准、自动测角与测距、自动目标跟踪、自动记录于一体的测量平台。技术组成包括坐标系统、操纵器、换能器、计算机和控制器、闭路控制传感器、决定制作、目标捕获和集成传感器八大部分。测量机器人与制订测量计划、控制测量过程、处理与分析测量数据的软件系统相结合，完全可以代替人完成许多测量任务（图1-10）。

图1-10 测量机器人应用技术

1.2 场地清理

1.2.1 地表清理（图1-11）

1 路基用地范围内的树木、灌木丛等应在清表前砍伐或移植，砍伐的树木应堆放在路基用地之外，并妥善处理。

图1-11 地表清理

2 路基用地范围内的垃圾、有机物残渣及农作物根系应予以清除，原地表以下至少 30cm 的草皮、表土应予以清除并有序集中堆放，以供土地复耕和绿化使用。

3 路基范围内的坑穴应填平夯实，并进行填前碾压，达到规定的压实度要求。

1.2.2 拆除与挖掘

1 路基用地范围内的旧结构物应予以拆除，对正在使用的道路设施及构造物，应对其正常使用做出妥善安排后，才能拆除。

2 对所有指定为可利用的材料，应有序堆置于指定区域。对废弃材料，应妥善处理。对于因拆除施工造成的坑穴，必须回填并夯实，并达到规定的压实度。

1.3 路基排水

1.3.1 一般规定

1 路基施工应做好施工期间临时排水总体规划和建设，临时排水设施应与永久性排水设施综合考虑，并与工程影响范围内的自然排水系统相协调。

2 施工前，宜先完成临时排水设施。施工期间，应经常维护临时排水设施，保证水流畅通。

3 路堤施工中，各施工作业层面应设 2%~4% 的排水横坡，层面上不得有积水，并采取措施防止水流冲刷边坡。在已填路堤路肩处，应设置纵向临时挡水土埂、每隔一定距离设出水口和排水槽等，引排雨水至排水系统。

4 路堑施工中，应及时将地表水排走，确保施工作业面不积水。

5 截水沟应先施工，与其他排水设施应衔接平顺。截水沟应从下游向上游开挖。通过地面坑凹处时，应将凹处填平夯实。开挖后应及时进行防渗处理，不得渗漏、积水和冲刷边坡及路基。

6 软土地基、地下水位比较高的路段，施工前应采取措施排除用地范围内的地表水，孔洞、坑洼处应填平夯实，整平基底，并设置纵横向排水沟。必要时需设置集水井，采用水泵排水。

7 排水工程砌筑用砂浆必须集中拌和，必须随拌随用，砂浆必须在初凝前使用，已初凝的砂浆必须弃用。砌缝砂浆强度应符合设计要求，砌缝砂浆应饱满，沟身应不漏水。

8 边沟、排水沟和急流槽等小断面排水设施宜选用水泥混凝土预制或现浇结构，预制构件应采取集中化、工厂化的管理模式进行预制。

9 常见路基排水形式（图1-12～图1-21）。

图1-12 临时排水

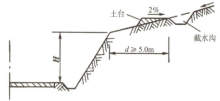

图1-13 截水沟

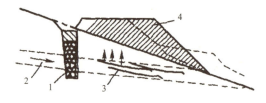

图1-14 一侧边沟下设暗沟

1—暗沟；2—层间水；3—毛细水；4—可能滑坡线

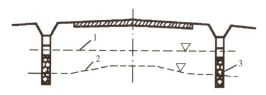

图1-15 两侧边沟下设盲沟

1—原地下水位；2—降低后地下水位；3—暗沟

图 1-16 急流槽

图 1-17 混凝土边沟

图 1-18 浆砌排水沟

图 1-19 坡脚排水沟

图 1-20 挖方段边沟

图 1-21 预制构件边沟

1.3.2 边沟、排水沟、截水沟施工要点

1 沟的测量放样应适当加密,确保沟体线形美观,达到线形顺直、圆滑,并按设计要求设置沉降缝。

2 截水沟砌筑后,在坡体上方一侧的砌体与山坡土体连接处,坡面地表水容易产生渗漏,应严格进行夯实和防渗处理。

3 截水沟顶面应略低于自然坡面，若遇冲沟，应设缺口将水导入截水沟（图1-22）。

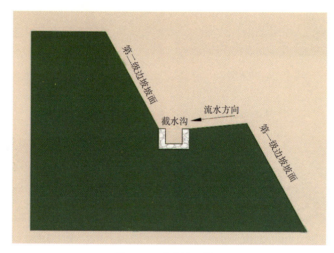

图1-22 截水沟示意图

4 截水沟的出水口，宜设置排水沟、急流槽或跌水，与其他排水设施平顺衔接。截水沟出水口一般应设深度不小于1m的截水墙或消能设施，以免出水口在水流作用下被冲毁；排水系统应完善，不得随意排放或直接冲刷边坡（图1-23）。

5 边沟、排水沟施工放样，一般以相邻出水口之间的长度为一个单元，以确保进出水口顺利连接。

6 边沟纵坡应与曲线前后沟底纵坡平顺衔接，不允许曲线内侧有积水或外溢现象。曲线外侧边沟深度应适当加深（图1-24）。

7 排水沟距路基坡脚不宜小于3m。排水沟的出水口应采用跌水和急流槽将水流引入路基以外或排水设施。

8 边沟、排水沟基坑开挖至设计高程时，应留出5～10cm的富余，由人工修整成型，严禁贴坡。确保边坡平整、稳定，沟底纵坡衔接平顺。

图 1-23 截水沟

图 1-24 曲线排水沟

1.3.3 跌水、急流槽施工要点

1 跌水的台阶高度应按设计或根据地形、地质等条件确定；多级台阶的各级高度可以不同，其高度与长度之比应与原地面坡度相适应，台阶高度应不大于 0.6m，不同台阶坡面应上下对齐。

2 跌水出口应设置隔水墙。跌水应按设计要求设置施工消力槛。

3 急流槽的基础应嵌入地面以下，其底部应按设计要求砌筑抗滑平台，并设置端护墙。

4 进水槽和出水槽底部采用片石铺砌时，水泥浆勾缝长度一般不应小于 10m；特殊情况下，应在下游铺设厚 0.2~0.5m、长 2.5m 的防冲铺砌。

5 急流槽应分段砌筑。每段长度宜控制在 5～10m，接头处以防水材料填缝，应密实无空隙。宜砌成粗糙面，或嵌入大小约 10cm×10cm 的坚石块，以消能减小流速（图 1-25）。

图 1-25　急流槽

1.3.4　盲沟、渗沟施工要点

1 在地下水位高、流量不大、引水不长的地段可设盲沟，其深度不宜超过 3m，宽度一般为 0.7～1.0m，在地下水埋藏较深或引水较长的地段，可设置管渗沟，其深度可达 5～6m。

2 各类渗沟均应设置排水层、反滤层和封闭层（图 1-26）。

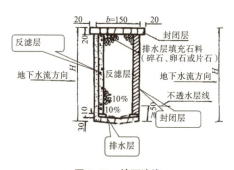

图 1-26　填石渗沟
H—填石渗沟高度；b—填石渗沟截面宽度

3 渗沟、盲沟的基坑开挖，宜自下游向上游进行，应随挖随支撑或回填；暴露时间不宜超过 7d，以免造成坍塌；支撑渗沟应间隔开挖。施工回填时，应自下而上逐步拆除支撑。

4 当采用无纺土工布作反滤层时，应先在底部及两侧沟壁铺好就位，并预留顶部覆盖所需的土工布。拉直平顺紧贴下垫层，所有纵向或横向的搭缝应交替错开，搭接长度均不得小于 30cm。

5 盲沟的底部和中部宜用较大碎石或卵石（粒径 30~50mm）填筑，在碎石或卵石的两侧和上部，按一定比例分层（层厚约 150mm）较细颗粒的粒料（中砂、粗砂、砾石），做成反滤层，逐层的粒径比例按 4：1 递减。颗粒小于 0.15mm 的含量不应大于 5%。在盲沟顶部做封闭层，应用防渗材料铺成，夯实黏土防水层厚度不得小于 0.5m。

6 渗沟的出水口宜设置端墙，端墙下部应留出渗沟排水通道大小一致的排水沟，端墙排水孔底面比排水沟沟底高出的部分不宜小于 0.2m。对端墙出口的排水沟应进行加固，防止冲刷。

7 填石盲沟仅宜用于渗流不长的地段，且纵坡不能小于 1%，宜采用 5%。出水口底面高程应高出沟外最高水位 0.2m。

1.3.5 拦水缘石施工技术要点

拦水缘石的施工应符合下列规定：

1 为避免高路堤边坡被路面水冲毁，可在路肩上设拦水缘石，将水流拦截至挖方边沟或在适当地点设急流槽引离路基。与高路堤急流槽连接处应设喇叭口。

2 拦水缘石必须按设计安置就位。

3 设拦水缘石路段的路肩宜适当加固。

1.3.6 新技术应用

1 边沟一次开挖成型（图 1-27）

2 混凝土边沟、拦水缘石滑模施工（图 1-28）

图 1-27 边沟开挖

图 1-28 边沟、拦水缘石滑模施工

1.4 路基施工

1.4.1 一般路基施工要点

1 填方路基施工要点

1）在填方路基开工之前，试验路段应选择地质条件、路基断面形式等具有代表性的地段，长度不宜小于200m。试验路段完成后，应对试验路段施工进行总结，以确定适宜的施工工艺参数（图1-29）。施工总结宜包括以下内容：

① 填料试验、检测报告等。

② 机械组合；压实机械规格、松铺厚度、压实遍数、碾压速度、

最佳含水率及碾压时含水率范围等。

③ 过程工艺控制方法。

④ 质量控制标准。

⑤ 施工组织方案及工艺的优化。

⑥ 原始记录、过程记录。

⑦ 对施工图的修改建议等。

⑧ 安全保障措施。

⑨ 环保措施。

图 1-29 填方路基试验段施工

2）不同的填料应水平分层、分段填筑，同一层路基的全宽范围内应采用同一种填料，不得混合填筑。

3）对地表横坡大于 1∶5 的斜坡地段，在路基填筑前将原地面开挖成内倾坡度 2%~4%，且宽度不小于 2m、高度不大于 1m 的台阶（图 1-30）。

4）对于填挖交界地段，应按开挖高度不大于 2m、宽度不小于 1m 的台阶施工，并碾压密实无拼痕。

5）对于狭小区域清表后，宜采用强夯或液压冲击夯处理，直至工作面能够进入大型压实机具开展施工。

6）各标段之间和各作业段之间填筑层面，每层搭接长度不得小于 2m。

图 1-30 台阶施工

7）路基每侧应按规范要求超宽填筑 0.5m，每填 3 层应检查边坡坡率（图 1-31）。

图 1-31 超宽填筑

8）做好临时排水，路基两侧应做挡水埝，每 30m 应设置一道临时急流槽（可砖砌或铺设塑料布），防止冲刷路基边坡。

9）路基碾压应采用重型碾压设备压实，如自行式羊角碾、冲击式压路机，须严格控制压实厚度和质量（图 1-32）。

图 1-32　路基碾压

10）填石路堤不得采用膨胀性岩石、易溶性岩石、崩解性岩石和盐化岩石等作为填料；应采用大功率推土机与 18t 以上重型压路机施工，避免出现粗细颗粒离析，严格控制填筑厚度、压实遍数，用压实沉降差或孔隙率指标检测压实质量（图 1-33）。

图 1-33　填石路堤

11）高填方路堤应优先采用强度高、水稳性好的材料。对填土高度大于 8m 的路基，压实度标准应提高 1%，并采用强夯等方法加强地基处理。施工过程应进行沉降观测。

12）填方路基必须按路面平行面分层控制填土高程，分层填筑的各层间应平整，符合平纵坡要求，严格实行"划格上土，挂线施工，平地机整平"。运输车按要求卸料后，先用推土机粗平，后用平地机精平,依照测量人员埋置的桩位,准确铺出设计要求的横、纵坡,并形成路拱(图 1-34)。

图 1-34　画格上土、挂线施工

2 挖方路基施工要点

1)土方开挖施工前应完成临时排水设施,确保施工作业面不积水。

2)应根据地面坡度、地质、开挖断面、施工机械设备等及出土方向,结合土方调配距离,选用安全、经济的开挖方案,同时需确保路堑边坡的稳定。

3)边坡应按设计断面测量放样,自上而下进行开挖,边开挖,边整形,坡面应平顺、稳定、不欠挖、不超挖;应开挖一级防护一级,严禁掏底开挖(图 1-35)。

图 1-35　路堑施工

4)石方开挖应根据岩石的类别、风化程度、节理发育程度、岩层产状和施工环境等确定开挖方案。石方爆破开挖路基应以光面爆破、预裂爆破技术为主,禁止采用大爆破施工;软弱松散岩质路堑,宜采用分层开挖、分层防护及坡脚预加固技术。

5)未风化坚硬的岩石路基超挖部分或高低不平部分,应采用级配碎石或无机结合料稳定碎(砾)石等材料作整平层;风化岩石路床应超挖 20~40cm,超挖部分应采用级配碎石或无机结合料稳定碎(砾)石等材料填筑。

6)高路堑地段应在渗水量大的部位有针对性地设置仰斜式排水孔,在边沟底设置复式渗沟。

7)窑洞或墓穴均应挖至底部,采用合适填料分层夯填。

8)开挖至路床部位时,应尽快进行路床施工,如不能及时进行,应在路床顶面以上预留至少 30cm 厚的保护层,待路床施工前挖除,同时应预留因路床基底压实而产生的下沉量,其值通过试验确定。

9)开挖至边坡线前应预留一定宽度,预留的宽度应保证刷坡过程中设计边坡线外的土层不受到扰动。

1.4.2 高填方路基施工要点(图 1-36)

图 1-36 高填方路堤施工

1 高路堤段应优先安排施工,宜预留 1 个雨季或 6 个月以上的沉降期。

2 高路堤施工中应按设计要求预留高度和宽度,并进行动态监控。

3 高路堤宜每填筑 2m 冲击补压一次,或每填筑 4~6m 强夯补压一次。

4 高路堤填筑过程中应进行沉降和稳定性观测。

5 在不良地质路段的高路堤填筑，应控制填筑速率，并进行地表水平位移监测，必要时应进行地下土体分层水平位移监测。

1.4.3　土工合成材料路基施工要点

1 铺设土工合成材料前，应平整场地，清理树根、灌木或尖锐硬物等场地杂物。施工车辆不得直接在土工合成材料上作业。土工合成材料上铺筑石料时，应在保护层完成后再进行，不得将石料直接抛落于土工合成材料上。

2 下承层应平整，局部高差不大于30mm，无碎石、块石，摊铺时应拉直、平顺，紧贴下承层，不得扭曲、折皱。在斜坡上摊铺时，应保持一定松紧度。

3 土工织物连接可采用缝合法或搭接法，缝合宽度不应小于100mm，结合处抗拉强度应达到土工织物极限抗拉强度的60%以上；搭接宽度应不小于300mm。

4 土工膜连接宜采用热熔焊接法，局部修补也可采用胶粘法，连接宽度应不小于100mm。正式拼接前应进行试拼接，采用的胶料应在遇水后不溶解。

5 双层土工合成材料上、下层接缝应错开，错开长度应大于500mm。

6 土工合成材料铺设应平顺，严禁出现扭结、断裂和撕破等现象。铺设时应拉紧，两端埋入土体部分应呈波纹状。土工织物与刚性结构连接时，应有一定伸缩量。

7 在坡面铺设土工合成材料时，应自下而上铺设并就地连接。土工合成材料应紧贴坡面保护层，不宜拉得过紧。

8 施工中应采取措施防止土工合成材料受损，出现破损时应及时修补或更换，碾压及运输设备禁止直接在土工合成材料上碾压或行走作业。

1.4.4 特殊路基施工要点

1 膨胀土路基施工要点

1)填土高度小于路面总厚度的路基或挖方路基应对路床标高以下开挖宜不小于80cm,基底碾压达到规定的压实度后,采用换填处理。具体处理深度根据膨胀特性计算确定。

2)边坡施工过程中,宜采取封闭措施,边坡不得一次挖到设计线,应预留300~500mm,待路堑完成时,再削坡并立即进行加固处理。

3)强膨胀土不得作为路基填料,中等膨胀土应经改性处理方可使用,但膨胀总率不得超过0.7%。

2 湿陷性黄土路基施工要点(图1-37)

1)填土高度小于路面总厚度的路基或挖方路基应对路床标高以下挖80cm,基底碾压达到规定的压实度后,再进行换填处理。

2)路基强夯置换应按照由内向外、隔行跳打的方式施工,强夯前应选取有代表性的试验区进行试夯,确定最佳夯击能、夯击次数、遍数、间歇时间、夯点间距等指标。强夯完成后若表土松散或含水量过大造成翻浆,宜采用挖除、翻拌石灰土处理。

图1-37 湿陷性黄土路基施工

3）灰土挤密桩施工前应通过试桩确定填层厚度、填料方量、夯击次数、夯锤提升高度、桩体压实度、扩径等工艺参数，做好临时排水。石灰、土要过筛，集中机械拌和。夯锤应采用长3m、直径0.3m的重锤，不得采用夹杆锤，应制作专用喂料工具。施工完成后，按段落1‰钻芯取样验收，检测桩长和桩体完整性，同时应验收桩数、排列尺寸、孔径、孔深、复合地基承载力、单桩承载力。

3 软土路基施工要点

1）软土地基处理常用方法有：置换土、抛石挤淤、砂垫层、反压护道、土工材料、袋装砂井、砂桩处理、碎石桩、粉喷桩、塑料排水板等。置换土施工填料宜采用透水性土。当软土层厚度小于3.0m，且位于水下或为含水量极高的淤泥时，可使用抛石挤淤；采用砂垫层置换时，砂垫层应宽出路基边脚0.5~1.0m，两侧以片石护砌。采用反压护道时，护道宜与路基同时填筑。采用土工材料处理软土路基时，每个压实层的压实度、平整度经检验合格后，方可在其上铺设土工材料（图1-38、图1-39）。

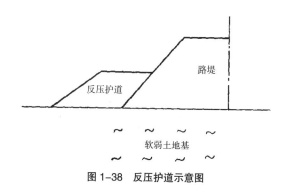

图1-38 反压护道示意图

2）抛石挤淤应选用不易风化的片石，粒径不小于30cm。当下卧地层平坦时，应沿道路中线向前呈三角形抛填，再渐次向两旁展开，将淤泥挤向两侧；当下卧地层具有明显横向坡度时，应从下卧层高的一侧向低的一侧扩展，并在低层边部多抛投不小于2m的宽度，形成平台顶面；在抛石高出水面后，应采用重型机具碾压紧密，然后在其

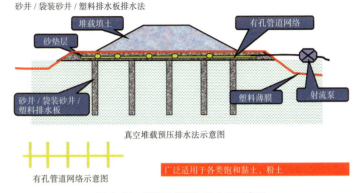

图1-39 真空堆载预压排水法示意图

上设反滤层,再填土压实。

3)砾(碎)石桩施工前应做试桩,以确定桩长,成桩时间、砾(碎)石投入量、施工顺序、单桩及复合地基承载力等参数,对施工场地清表平整,做好临时排水设施。一般采用振动沉管法施工,施工时应重点控制桩距、桩径、桩长、竖直度、灌砾石量。采用单桩荷载试验和28d复合地基载荷试验检验处治效果。

4)水泥搅拌桩施工前应做试桩,试桩不少于5根,以掌握成桩工艺,取得满足设计喷入量的钻进速度、提升速度、搅拌速度、喷浆压力、单位时间喷浆量等技术参数,确定搅拌的均匀性,掌握下钻、提升的阻力情况,选择合理的技术措施。

4 滑坡地段路基施工要点

1)滑坡地段路基施工前,必须制定应对滑坡或边坡危害的安全预案,施工过程中应进行监测。

2)施工时应采取措施截断流向滑坡体的地表水和临时用水。结合滑坡地段的自然排水沟及永久性排水工程,做好滑坡体上缘排水工程。在施工过程中应将滑坡体内的水疏通到滑坡体范围以外。

3)滑坡治理前,严禁在滑坡体上增加荷载、在滑坡体前缘减载。滑坡治理完成后方可进行路基施工。

4)滑坡地段进行高路堑边坡开挖,应自上而下进行,每开挖一级应及时对边坡进行工程地质和稳定性分析,需加固时,应停止开挖下级边坡,边坡稳定后方可进行下级边坡开挖。

5 风积沙路基施工要点

1)风积沙应采用干振法和饱水振动法确定最大干密度。

2)施工应选择沙漠中能自由行走的机械,如履带式推土机、履带式铲运机和前后轮驱动的振动压路机。禁止使用羊角碾进行压实(图1-40)。

图1-40 推土机、平地机整平

3)风积沙填筑路基也可采用水坠碾压法分层填筑。采用水坠碾压法施工最大松铺厚度不得超过30cm,填料表面水头高度应保持在20cm以上(图1-41)。

图1-41 压路机碾压

4)风积沙路基应检测压实度和固体体积率。

5)风积沙路基完工后,应及时在路基顶面铺筑石灰土封层。

6)风积沙路堤边坡用黏土包边时,应在路基宽度范围之外的边坡上铺筑,底部埋入原地面以下20cm,顶部至硬路肩底面,向外形成5%的横坡。

6 冻土路基施工要点

1)路基范围内的各种地下管线基础应设置于冻土以下。

2)路基受冻影响部位,应选用水稳定性和抗冻稳定性均较好的粗颗粒土。

7 盐渍土路基施工要点(图1-42、图1-43)

图1-42 盐渍土路基土工合成材料隔断层施工

图1-43 盐渍土路基碎石隔断层施工

1）过盐渍土、强盐渍土不应作为路基填料，弱盐渍土快速路、主干路可用于路床 1.5m 以下填土，次干路可用于路床 0.8m 以下填土。

2）地表为过盐渍土、强盐渍土时，应将其挖除，过厚时应设隔离层，且应在路床以下 0.8m 处。

1.4.5 结构物台背、墙背回填

1 对台背基底应采用灰土桩、碎石桩等措施进行处理，必须选用专业队伍和机械，回填施工应采用大型压路机为主、小型压实机具配合进行压实。

2 台背回填慎重选择填料，土质路段应采用 8% 石灰土填筑，其他路段可选用砂砾、粒径小于 15cm 的石渣、半刚性材料填筑。

3 台背回填前，八字墙、一字墙以及支撑梁必须完成，梁板架设前最多对称回填至 1/3 墙高。回填应与路基同步施工，不能同步时应严格按要求开挖台阶。路床范围内应及时采用水泥稳定材料封闭。

4 对挡墙背后超挖部分的回填应与挡墙施工同步，优先选用浆砌片石填筑。

5 严格分层填筑，应在结构物墙身上左、中、右位置，用红、白油漆相间划出每层 15cm 压实厚度控制标线，并标注层位编号（图 1-44、图 1-45）。

图 1-44　台背填筑层数标线

图1-45 小型压路机碾压边角

6 沟槽回填土：混凝土基础和砌筑水泥砂浆的强度达到5MPa时，可回填，现浇混凝土涵洞强度达到设计强度的70%时回填胸腔，达到设计强度的100%时，回填顶板以上。

1.4.6 路基压实

1 压实应先轻后重、先慢后快、均匀一致。压路机最大速度不宜超过4km/h。

2 填土的压实遍数，应按压实度要求，经现场试验确定。

3 压实过程中应采取措施保护地下管线、构筑物安全。

4 直线段压实应由两边向中间，曲线段压实应由低向高，压路机轮外缘距路基边应保持安全距离，压实度应达到要求，且表面应无漏压、无显著轮迹、翻浆、起皮、波浪等现象。

5 压实应在土壤含水量接近最佳含水量值的±2%时进行。

1.4.7 新技术应用

1 路基填筑连续压实系统施工工艺（图1-46）

2 二氧化碳气体静态爆破（图1-47）

3 泡沫轻质混凝土回填应用（图1-48）

泡沫混凝土材料应用于桥台背填充，是一项改变常规桥台背填筑工艺方法的创新型技术，泡沫轻质混凝土具有轻质、密度与强度可调、良好的施工性和环保性等特点，其性能偏重于替代常规填土，加快施

图 1-46 路基填筑连续压实系统

图 1-47 二氧化碳气体静态爆破

图1-48 泡沫轻质混凝土回填

工工期，减少工后沉降，成功突破了施工复杂、填筑速度慢、工期长、密度高、强度低、工后沉降大、桥头跳车病害等技术难点，且综合成本较低，在桥台背回填等方面具有应用优势。

4 高速液压夯实机补强夯实（图1-49）

图1-49 高速液压夯实机补强夯实

5 建筑垃圾再生材料路用技术

建筑垃圾再生材料路基填筑技术主要控制点，包含以下几方面：

1）原材料控制

①进场物料粒径宜小于0.3m，大粒径物料宜先进行破碎预处理且级配合理方可堆填。

②进场物料中废沥青、废旧管材、废旧木材、金属、橡（胶）塑（料）、竹木、纺织物等含量不大于5%时可进行堆填处理。

2）级配控制（表1-1）

级配控制　　　　表1-1

项目	类别	粒径大于4.75mm颗粒含量（%）	粒径大于0.075mm颗粒含量（%）	最大粒径（mm）	建筑垃圾填料应用部位
级配要求	Ⅰ类	50~80	90~100	60	路床
	Ⅱ类	40~70	90~100	200	路堤

3）施工工艺控制

①填方应尽量选用同性质土料堆填。堆填场应设置排水措施，雨季作业时，应采取措施防止地面水流入堆填点内部，避免边坡塌方。

②在堆填现场主要出入口宜设置洗车台，外出车辆宜冲洗干净后进入市政道路。

③堆填施工过程中，分层厚度、压实遍数宜符合表1-2的规定。

堆填施工时的分层厚度及压实遍数　　表1-2

压实机具	分层厚度（mm）	每层压实遍数
平碾	250~300	6~8
振动压实机	250~350	3~4
柴油打夯机	200~350	3~4
人工夯实	<200	3~4

④堆填施工边坡坡度不宜大于1:2,基础压实程度不应小于93%,边坡压实程度不应小于90%。

⑤堆填作业应控制填高速率,如果填高超过3m且堆填速率超过3m/月,应对堆体和地基稳定性进行监测。

4)含水量控制

再生材料填料现场碾压含水量宜分两次控制:第一次按最佳含水量的60%~70%施工,闷料2~4h,渗透深度大于3/4厚度后稳压;第二次按最佳含水量的30%~40%终压(表1-3)。

不同含石量下的最佳含水量及最大干密度(参考值) 表1-3

砖:砂浆:混凝土石	试验结果	粗料含量(大于4.75mm颗粒质量百分比)				
		15%	30%	40%	60%	80%
3:4:3	最佳含水量(%)	9.3	10.0	10.5	11.3	11.9
	最大干密度(g/cm³)	1.91	1.90	1.88	1.89	1.87
4:3:3	最佳含水量(%)	12.6	13.0	13.2	13.4	13.8
	最大干密度(g/cm³)	1.94	1.91	1.91	1.87	1.85
5:2:3	最佳含水量(%)	11.3	11.9	13.1	13.8	14.2
	最大干密度(g/cm³)	1.89	1.87	1.91	1.89	1.81
5:3:2	最佳含水量(%)	12.0	13.0	13.6	14.5	15.2
	最大干密度(g/cm³)	1.88	1.91	1.89	1.87	1.78
4:4:2	最佳含水量(%)	12.0	14.0	14.4	15.8	14.8
	最大干密度(g/cm³)	1.87	1.89	1.91	1.86	1.87

5）质量控制

再生材料回填宜采用轮迹法、压实度、沉降差、弯沉值、CBR进行质量控制（图1-50）。

图1-50 弯沉检测

1.5 路基防护支挡工程

1.5.1 防护工程

1 浆砌片（块）石或混凝土预制块防护施工要点

1）防护工程应按照"安全稳定、环境优美"的原则实施。

2）路堤边坡防护在完成刷坡后由下往上分级砌筑，路堑边坡防护的砌筑应在每级边坡完成后由下往上砌筑。

3）砌筑前，坡面应整平、拍实。不得有凹凸现象或在低洼处用小石子垫平等现象，以及存在护坡厚度不均等弊端。

4）砌筑石料表面应干净、无风化、裂缝和其他缺陷，石料应符合规范要求；砌筑时应平铺卧砌，石料的大面朝下，坡脚坡顶等外露面应选用较大的石块，并加以修整。

5）混凝土预制块应集中统一预制，护坡逐段成型后，方可进行砌筑安装。

6）每个施工段落应采用拌和机集中拌和砂浆，砂浆应保持适宜的和易性和流动性，满足相关规范要求，随拌随用。

7）砌筑时，砂浆应饱满密实，采用坐浆挤密施工；做到接缝交错、坡面平整、勾缝严密、养护及时；砌筑骨架时，应先砌筑衔接处，再砌筑其他部分骨架；两骨架衔接处应处于同一高度，骨架底部和顶部以及两侧范围内，应用浆砌片石或预制块镶边加固，骨架应嵌入坡面，与坡面密贴。

8）垫层应与铺砌层配合铺砌，随铺随砌；铺砌时，应分段施工，按图纸要求设置伸缩缝、沉降缝，并做好泄水孔。

9）护坡中下部应按设计设置泄水孔，以排泄护坡背面的积水和减少渗透压力。泄水孔后应设反滤层，在反滤层与土面交界处应垫设一层土工布，以利于泄水孔排水顺畅。

10）骨架防护砌筑完成后，应及时种草或铺种草皮，骨架流水面应与草皮表面平顺（图1-51）。

图1-51　骨架护坡种草

11）勾缝前应冲洗，砂浆应嵌入缝中，与石料牢固结合，勾缝宜采用凹缝。

12）砂浆终凝前，砌体应覆盖。砂浆初凝后，应及时进行养生，养护期一般为7d。

2 护面墙防护施工要点（图1-52）

图 1-52 护面墙防护施工

1）坡面应平整密实，线形顺直。局部有凹陷处，应挖台阶后用与墙身相同的圬工找平，不可回填土石或干砌片石；施工时，应立杆挂线或样板控制，并经常复核，以保持线形顺直，砌体平整。

2）墙基应坚固可靠，当地基软弱时，应上报相关部门采取相应的处理措施。

3）墙面及两端要砌筑平顺，墙背应设反滤层，且与坡面贴合密实。墙顶与边坡间的缝隙应封严；局部边坡镶砌时，应砌入坡面，表面与周边应平顺衔接。

4）砌体石质应坚硬，严禁使用风化石。砌体必须紧密、错缝，严禁通缝叠砌、贴砌和浮塞。

5）砌筑时，砂浆应饱满密实，采用坐浆挤密施工。养生要及时，砌体勾缝应牢固且美观。

6）砌体砂浆应用拌和机集中拌和，砂浆的和易性、流动性应符合规范要求，随拌随用。

7）按设计要求设置伸缩缝和泄水孔，伸缩缝间隙为 2~3cm，施工完成后，用沥青麻絮填塞饱满；泄水孔位置应有利于泄水流向路侧边沟和排水沟，并保持顺畅。当有潜水露出且边坡流水较多的地方，应引水并适当加密泄水孔。

8）砂浆初凝后，应及时进行覆盖养生，养护期一般为 5~7d。

1.5.2 挡土墙工程施工要点

1 基坑开挖

1）基坑开挖应进行详细的测量定位，并标出开挖线。基坑开挖应分段跳槽开挖，边坡稳定性差或基坑开挖较深时，应设置临时支护。

2）基坑开挖时，应核对地质情况，对基底应进行承载力检测。当达到设计的基坑承载力要求时，方可进行下一道施工工序。

3）基槽开挖应做好临时防水、排水措施，确保基坑不受水的侵害。

2 挡土墙基础

1）挡土墙在基础施工前，应做好场地临时排水。土质基坑应保持干燥，雨天施工坑内积水应及时排除，受水浸泡的基底土应全部予以清除，并以满足填筑要求的土体回填（或以砂、砾石夯填）至设计高程。

2）墙基础直接置于天然地基上时，应经检验并报监理工程师同意后，方可开始砌筑。有渗透水时，应及时排除；在岩体或土质松软、有水地段，应避开雨季，分段集中施工。

3）墙基础采用倾斜地基时，应按设计倾斜挖凿，不得用填补法筑成斜面。

4）当挡土墙基础设置在岩石的横坡上时，应清除岩石表面风化层，并按设计凿成台阶；当沿墙长度方向有纵坡时，应沿纵向按设计要求做成台阶。

3 挡土墙墙身

1）浆砌片（块）石挡土墙砌筑时必须两面立杆或样板挂线，外面线应顺直整齐，逐层收坡，内外线顺直。在砌筑过程应经常校正线杆，以保证砌体各部尺寸符合设计要求。

2）砌筑墙身时，如基底为基岩或混凝土基础，应先将表面加以清洗、湿润，坐浆砌筑。砌筑工作中断后再进行砌筑时，应将砌层表面加以清扫和湿润。

3）砌体应分层坐浆砌筑。砌筑上层时，不应振动下一层，不得在已砌好的砌体上抛掷、滚动、翻转和敲击石块。砌筑完后，应进行勾缝。

4）挡土墙应分段砌筑，工作段的位置宜在伸缩缝或沉降缝处，各段水平缝应一致；分段挡土墙时，相邻段的高差不宜超过 1.2m（图 1-53）。

图 1-53　挡土墙施工

5）挡土墙的泄水孔应预先埋设，向排水方向倾斜，保证排水顺畅，不得反倾斜。在折线挡土墙易积水处应设泄水孔。

6）砌体石块应互相咬接，砌缝砂浆应饱满。砌缝宽度一般不大于 3cm（浆砌块石），上下层错缝（竖缝）距离不得小于 8cm，并应尽量使每层石料顶面自身形成一个较平整的水平面。

7）砌体出地面后，浆砌强度达到 70% 以上后，方可回填墙背填料。

8）混凝土挡土墙的浇筑应符合设计和规范要求。当进行分层浇筑时，应注意预埋石笋，连接处混凝土面应凿毛，并在浇筑前清洗干净。

4 墙背填料、填筑

1）墙背填料应选择透水性强、易排水、抗剪强度大且稳定的填料。碎石土、砂类土力学性能稳定、受水影响较小，因而应优先选择渗透性良好的碎石类土、砂类土作填料。填料中严禁含有有机物、草皮、树根、冰块等杂物及生活垃圾。

2）浸水挡土墙的墙背应全部采用水稳定性和透水性良好的材料填筑。

3）挡土墙的墙体达到设计强度的 75%以上时，方可进行墙后填料施工。挡土墙顶面应做成与路肩一致的横坡度，以便排除路面水。

4）墙后必须回填均匀、摊铺平整，填料顶面应按设计要求设置横坡，其坡度一般为 2%~3%。在墙后 1m 范围内，不得有大型机械行驶或作业。墙后填筑时，应分层填筑，松铺厚度应不超过 20cm，压实度应满足规范和设计文件的要求。

1.5.3 锚杆（锚索）框架梁防护

1 锚杆（锚索）框架梁先施做下部基础，再进行框架梁施工，框架梁底面应紧贴岩面，顶面应整齐、平顺、自然、美观（图 1-54）。

2 对钻孔深度、清孔质量、预应力张拉、压浆等关键工序必须进行严格检查验收。

3 锚杆（锚索）注浆采用 1∶1 水泥砂浆，水灰比 0.38~0.48，砂浆强度不低于 M30，注浆压力 0.5~2MPa。孔口要采取可靠的止浆措施，当孔内浆液初凝后，及时进行二次劈裂注浆，使浆液充分进入岩土裂隙。

4 锚索张拉到位后用机械切除多余钢绞线。锚杆施工完毕后，应取锚杆数的 1%，且不少于 3 根进行拉拔试验，抗拔力平均值应不低于设计值，最小抗拔力应不低于 0.9 倍的设计值。

图 1-54 锚杆（锚索）框架梁防护

1.5.4 抗滑桩

1 做好桩区地表截水、排水及防渗工作。尽量避免雨季施工，如果必须在雨季施工，孔口应搭雨棚，孔口地面以下0.5m内应加强衬砌，地面上加筑适当高度的围埝。

2 开挖顺序应根据设计要求采取间隔开挖，不得连续开挖。

3 灌注混凝土必须连续作业，因故中断灌注，其接缝面必须做特殊处理，严禁施工缝处在滑动面上。

4 桩组上或桩间支挡结构以及与桩相邻的挡土、排水、防渗等设施，均应按设计要求与抗滑桩加强连接、配套完成（图1-55）。

图1-55 抗滑桩施工

1.5.5 新型边坡植被防护技术（图1-56）

1）液压喷播植草护坡：它是利用液态播种原理，将草籽、肥料、枯着剂、纸浆、土壤改良剂和色素等按一定比例在混合箱内配水搅匀，通过机械加压喷射到边坡坡面而完成植草施工的绿化技术。

2）土工网垫植草护坡：集边坡加固、植草防护和绿化于一体的复合型防护措施，其施工顺序为：平整边坡—铺设土工网垫—摊铺种植土—人工（或机械）播种，也可以在草皮培育场按上述工序培植成人工草皮卷后，再整体贴铺在需要防护的边坡上。

3）土工格栅与土工网垫或液压喷播植草综合防护：对填料不良的土质路堤边坡，边坡上可采用土工格栅加筋材料补强，保持路堤边坡的浅层稳定，同时对坡面采用液压喷播植草或土工网垫植草，可防止雨水冲刷。

图1-56 边坡植草防护

第2章 底基（基）层

2.1 施工准备

2.1.1 底基层作业面准备

1 路基外形复查：外形检查内容包括高程、中线偏位、宽度、横坡度和平整度。

2 清除路基表面浮土、杂物，宜采用18t以上振动压路机进行慢速全幅碾压检验，路基顶面必须平整无坑洼；在碾压过程中，如发现土过干，表面松散，应适当洒水，如土过湿，发生"弹簧"现象应进行处理。

3 进行中线恢复。直线段每15～20m设一桩，平曲线段每10～15m设一桩，并在两侧路肩边缘外0.3～0.5m设指示桩，并进行水平测量，标出上覆层边缘的设计高程。

2.1.2 基层作业面准备

底基层外形检查：底基层外形检查内容包括高程、中线偏位、宽度、横坡度和平整度。

2.2 底基（基）层施工

2.2.1 石灰稳定土底基（基）层施工要点

1 石灰撒布宜采用粉料撒布机进行撒布，撒布应均匀，防止粉尘飞扬，确保环保（图2-1）。

图 2-1 石灰撒布

2 拌和:采用稳定土路拌机进行灰土拌和。拌和深度应侵入下承层 1~2cm,按规范检查石灰剂量、拌和深度及均匀性,拌和后土最大粒径不大于 20mm。按照"速度均衡、幅间重叠、拌匀拌透"的原则,摊铺初平时"宁高勿低",摊铺终平时"宁漏勿补"(图 2-2)。

图 2-2 路拌机拌和灰土

3 整平:混合料拌和均匀后,立即用平地机初步整形,在直线段,平地机由两侧向中间刮平;用压路机立即在初平路段快速碾压,以暴露潜在的不平处,用人工配合,重复以上步骤,直至整平合格。整平时要注意保持规定路拱、横坡度和接缝处的顺适度。施工中注意交通封闭(图 2-3)。

图 2-3　平地机整平

4 碾压：碾压时，按由边到中、由低到高，重叠 1/2 轮宽的原则进行碾压，碾压遍数及工艺应根据试验段总结为依据；碾压过程中，基层表面若有软弹、松散等现象，及时翻松、挖除、换填新料后重新碾压。压实后的表面应平整密实，无轮迹或隆起，不得出现高低不同的压实面、隆起、裂缝或松散材料；碾压完毕后，试验人员检查压实度，不合格时应及时补压；标高、平整度、横坡不合要求时，应在终压成型前及时修整，不得采用"薄层贴补"处理。控制要点：碾压时应按照"先轻后重、先边后中、先慢后快"的原则，连续不断地碾压至规定的密实度。城市快速路、主干路底基层大于或等于95%；其他等级道路底基层大于或等于93%（图 2-4）。

图 2-4　压路机碾压路面

5 养护：石灰土成活后应按照标准要求进行养护（图 2-5、图 2-6）。

图 2-5　石灰土基层成型

图 2-6　洒水养护

2.2.2　水泥土基层施工要点

1 水泥应符合下列要求：

1）应选用初凝时间大于 3h、终凝时间不小于 6h 的 32.5 级、42.5 级普通硅酸盐水泥、矿渣硅酸盐、火山灰硅酸盐水泥。水泥应有出厂合格证与生产日期，复验合格方可使用。

2）水泥贮存期超过 3 个月或受潮时，应进行性能试验，合格后方可使用。

2 水泥土类材料运输时，应采取措施防止水分损失，一般宜控制在 20～25℃下施工。

3 摊铺

1）施工前应通过试验确定压实系数。水泥土的压实系数宜为 1.53～1.58。

2）宜采用专用摊铺机械摊铺。

3）水泥土自加水搅拌至摊铺完成不应超过 3h。应按当班施工长度计算用料量。

4）分层摊铺时，应在下层养护 7d 后方可摊铺上层材料。

4 碾压

1）应在含水量等于或略大于最佳含水量时进行。

2）直线和不设超高的平曲线段，应由两侧向中心碾压；设超高的平曲线段，应由内侧向外侧碾压。

3）初压时，碾压速度宜为 20～30m/min，材料初步稳定后，碾压速度宜为 30～40m/min。

4）采用 12～18t 压路机作初步稳定碾压，混合料初步稳定后用大于 18t 的压路机碾压，压至表面平整、无明显轮迹，且达到要求的压实度（图 2-7）。

图 2-7 水泥稳定类基层摊铺、碾压

5）水泥土施工应遵循"快速摊铺、快速整平、快速碾压密实"的"三快"原则。应及时检测压实度，不得对成型后的水泥土进行二次碾压，造成水泥土结构的破坏。

5 接缝设置

1）纵向接缝宜设在路中线处。接缝应做成阶梯形，阶梯宽度不应小于1/2层厚。

2）横向接缝应尽量减少（图2-8）。

图2-8 水泥土碾压成型

6 养护

1）基层宜采用洒水养护，保持湿润。

2）养护期间应封闭交通。

3）常温下成活后应经7d养护，方可在其上铺筑面层。

2.2.3 水泥稳定碎（砾）石基层施工要点

1 准备下承层：施工前，清除底基层上干燥的浮土及杂物，使下承层表面清洁，下承层的试验各项指标合格。下承层在摊铺前应清扫干净，并洒水湿润（图2-9）。

图 2-9　下承层清扫洒水

2 测量放样：施工区域测量放样按每 10m 一根桩放出中桩和边桩，复测下承层标高，打钢钎支架，挂上钢丝，并按标高值和松铺系数调整钢丝的高程，作为纵横坡基线。每根钢丝一端用紧线器将钢丝绷直、牢固，以保证摊铺成型面的平整度。摊铺过程中应随时对高程基线进行复查，确保高程准确（图 2-10）。

图 2-10　高程控制桩

3 拌和与运输：

1）宜采用两次拌和的生产工艺，也可采用间隙式拌和生产工艺，拌和时间应不少于15s。天气炎热或运距较远时，对稳定中、粗粒材料，混合料的含水率可高于最佳含水率0.5~1个百分点（图2-11）。

2）混合料运输车装好料后，应用篷布覆盖严密，直到摊铺机前准备卸料时方可打开。水泥稳定材料从装车到运输至现场，时间宜不超过1h，超过2h时应当作废料处置。

图2-11　混合料运输覆盖

4 摊铺：摊铺过程中摊铺机前应至少保证4~5辆料车，摊铺速度控制在1.5~3.0m/min，保证拌和摊铺及压实机械施工连续。在摊铺过程中应减少拢料（收料斗）的次数，而拢料时只收拢2/3，使摊铺机料斗内留下一定的混合料，可减少混合料的离析。摊铺机后设人专门检查摊铺面上是否有杂物或离析现象，并立即处理。遇到离析现象及时补充细料，并保持边线顺直，注意检测含水量大小，及时反馈拌和站进行适当调整。同时对松铺高度、厚度、横坡、宽度等进行检测（图2-12~图2-14）。

图 2-12　高程检查　　　　　　图 2-13　横坡检查

图 2-14　松铺厚度检查

5 碾压：摊铺机摊铺后人工配合整型后，立即进行碾压。直线由外侧向中间碾压，曲线由内向外碾压，先采用双钢轮压路机静压，再用振动压路机振动复压，最后用胶轮压路机终压收面，碾压每次重叠1/2 轮宽。碾压过程中，基层表面若有软弹、松散等现象，及时翻松、挖除、换填新料后重新碾压。压实后的表面应平整密实，无轮迹或隆起,不出现高低不同的压实面、隆起、裂缝或松散材料,且断面正确,高程、坡度符合要求。任何混合料离析处均在碾压前挖除,用合格的材料替换。发现含水量过大或过小的混合料应立即废除,不进行摊铺碾压(图2-15)。

(a)

(b)

(c)

图2-15 压路机碾压
(a)双钢轮静压;(b)胶轮终压;(c)振动压路机复压

6 检测：对拌和好的混合料进行灰剂量检测，对碾压成型的路面进行压实度检测（图2-16）。

图 2-16 压实度检测

7 细部处理

1）边部及狭小区域采用小型夯实机具补强夯实（图2-17）。

图 2-17 细部处理

2）纵横缝采用挡板或在碾压完成后立即铲除的方法进行处理，确保接缝垂直（图2-18～图2-21）。

第2章 底基（基）层

图2-18 横缝铲除处理

图2-19 纵缝加挡板处理

图2-20 两台摊铺机同时摊铺接缝处理

图2-21 纵缝铲除处理

3）水稳碎石摊铺前应将检查井井位标识出来，并对井周进行保护处理（图2-22）。

图2-22 井周保护处理

8 养生：采用覆盖保湿养护或采用喷洒透层油养护。覆盖保湿养生采用一层塑料薄膜加一层土工布覆盖的保湿养护方式，不得使基层表面干燥，也不应忽干忽湿。控制要点：养生应不少于 7d，养生期间禁止车辆通行（图 2-23）。

图 2-23　覆盖保湿养生

2.2.4　级配碎石（砂砾）基层施工要点

1 拌和

1）拌和机各料仓开口大小和皮带计量精度应事先标定，并在施工过程中经常检查和校正。

2）施工中集料应搭设防雨棚遮盖。

3）每天拌和前应测定各种规格集料的含水量，结合天气、运距等情况调整外加水量。一般情况下，混合料的含水量比最佳含水量宜提高 0.5%~1%，在气温高、风速大、天气干燥的情况下，宜提高 1%~2%。早晚与中午的含水量要有区别。

2 运输

1）运输车辆数量须满足拌和、出料及摊铺需要，并略有富余。

2）混合料在运输过程中必须覆盖，以减少水分损失。

3 摊铺

1）在级配碎石垫层边缘打好厚度控制线支架，根据松铺系数计算松铺厚度，确定控制线高度，挂好控制线。用于控制摊铺机摊铺厚度的钢丝应绷直、牢固。

2）摊铺机前等待卸料的运输车辆应不少于 5 辆，保持连续摊铺。

3）现场摊铺采用单机摊铺时应采用两侧走钢丝的方法控制高程；采用两台摊铺机梯队作业时，两台摊铺机前后间距宜控制在 10m 以内，前台摊铺机采用路侧钢丝和设置在路中的导梁控制路面高程，后台摊铺机路侧采用钢丝、路中采用滑靴控制高程和厚度。前后两台摊铺机应重叠 50～100mm（图 2-24）。

4）摊铺过程中根据拌和能力和运输能力确定摊铺速度，避免摊铺机停机待料的情况。

5）结构物两侧的摊铺应符合以下要求：

①应在施工前对结构物两侧工作面进行清理和修整，扫除松散材料和所有杂物，处理好欠压实、不平整等问题。

②正交结构物两侧作为摊铺起点时，应使用相应厚度的垫块，不得采用人工摊铺。

③斜交结构物两侧等摊铺机无法工作的部位采用人工摊铺，应控制好松铺厚度和平整度。

(a)

(b)

(c)

图 2-24　摊铺控制方式

(a)路侧走钢丝；(b)路中走导梁；(c)路中走滑靴

4 碾压

1）在摊铺、修整后，压路机应在全宽范围内紧跟碾压，一次碾压段落长度一般为 50～80m。碾压应遵循先轻后重、先慢后快、横断面从低到高的原则。碾压段落必须层次分明。

2）碾压程序应按试验段确认的方法进行，碾压时，应重叠 1/3 轮宽。各部位碾压遍数应尽量相同，压路机碾压不到的部位用小型平板式振动器施振密实。

3）碾压应遵循试验段确定的程序与工艺。宜按照稳压（静压）→弱振→强振→稳压收面的工序进行压实。

4）严禁压路机在正在施工和刚完成的路段上调头或急刹车。出现拥包时，应铲平处理。

5）为保证级配碎石垫层边缘压实度，应有 10cm 的超宽压实；当用方木或型钢模板支撑时，超宽可适当减小。

5 接缝处理

1）应避免纵向接缝，在不能避免的情况下，纵缝必须垂直相接，不应斜接。

2）横向接缝靠近摊铺机当天未压实的混合料，可与第二天摊铺的混合料一起碾压。但应注意此部分混合料的含水量，必要时，应人工补充洒水，使其含水量达到规定的要求（图 2-25）。

图 2-25　级配碎石施工成型

6 养生及交通管制

1）级配碎石垫层在施工完毕后宜禁止车辆通行。

2）施工完成后应尽快安排上覆层施工。

3）级配碎石垫层不宜过冬，必要时应采取措施，保证级配碎石不发生冻坏现象（图2-26）。

图2-26 级配碎石洒水养护

2.2.5 石灰粉煤灰稳定碎石（砂砾）基层施工要点

1 运输混合料应覆盖，防止撒料和扬尘。

2 摊铺

1）路床应湿润，压实系数经试验确定。

2）混合料在摊铺前其含水量宜在最佳含水量的允许范围内。

3）混合料每层最大压实厚度应为20cm，且不宜小于10cm。

4）摊铺中发现粗、细集料隔离时，应及时翻拌均匀。

5）宜采用机械摊铺，每次摊铺长度宜为一个碾压段（图2-27）。

图2-27 二灰碎石基层摊铺

3 碾压

1）铺好的混合料应当天碾压成活。

2）碾压时的含水量宜在最佳含水量的允许范围内。

3）直线和不设超高的平曲线段，应由两侧向中心碾压；设超高的平曲线段，应由内侧向外侧碾压。

4）初压时，碾压速度宜为 20~30m/min，混合料初步稳定后，碾压速度宜为 30~40m/min。

4 纵横缝设置

1）纵向接缝宜设在路中线处。接缝应做成阶梯形，阶梯宽度不应小于 1/2 层厚。

2）横向接缝应尽量减少（图 2-28）。

图 2-28　二灰碎石基层成型

5 养护

1）采用洒水养护，保持混合料湿润。

2）养护期间宜封闭交通，严禁履带车辆通行（图 2-29）。

图 2-29 二灰碎石基层覆盖养护

2.3 新技术应用

2.3.1 基于振动搅拌的高性能耐久性半刚性基层技术

水泥稳定碎石振动搅拌技术是指在普通水泥稳定土搅拌主机上施加一定频率的振动，利用搅拌轴和搅拌叶片作为振动源，以实现强制搅拌合振动强化作用相结合的一种混合料拌合技术。其具有以下特点：

1 缩短搅拌时间。

2 降低水泥用量。

3 降低含水量。

4 提高混合料的均匀性，防止离析水稳料。

5 减少水泥稳定碎石基层的横向裂缝。

6 突出全寿命周期成本理念，有效降低公路运营养护成本。

2.3.2 建筑垃圾再生材料在基层中的技术应用

1 材料控制

建筑垃圾再生料宜按照表 2-1、表 2-2 对不同杂质含量、混凝土块含量、砖块含量、压碎值、针片状含量等指标进行控制。

路面基层建筑垃圾再生材料的技术要求　　表 2-1

项目	堆积密度（kg/m³）	杂质含量（%）	混凝土块含量（%）	压碎值（%）	针片状含量（%）
技术要求	>1100	<0.1	>40	<45	<20

路面基层建筑垃圾再生混合料技术要求　　表 2-2

项目	杂质含量（%）	压碎值（%）	针片状含量（%）
技术要求	<0.1	<30	<15

2 质量控制

建筑垃圾再生料基层应对压实度、水泥剂量、7d 饱水无侧限抗压强度进行质量控制。

第3章 面层

3.1 透层施工要点

1 在基层碾压成型、表面稍变干燥,但尚未硬化的情况下喷洒透层油。

2 透层每次施工段落长度根据洒布车装油的数量决定,确保每车油单幅全宽喷洒完毕。

3 透层油采用智能型沥青洒布车喷洒,喷洒数量通过试验确定,一般为 $0.6 \sim 1.0 L/m^2$。渗透入基层的深度不宜小于 $5 \sim 10 mm$,深度检测可通过钻孔或挖掘确认。透层油喷洒后,基层表面不得有漏洒及浮油现象,在后期施工车辆作用下不得粘起油皮(图3-1、图3-2)。

4 沥青洒布车喷嘴的轴线应与路面垂直,并保证所有喷嘴的角度一致,同时保证洒布管的高度,尽量使同一地点能够接受到 $2 \sim 3$ 个喷洒嘴喷洒的沥青(图3-3)。

5 透层油宜用沥青洒布车一次喷洒均匀,注意起步、终止以及纵向搭接处的洒布量。

图3-1 洒布透层前后对比

图 3-2　透层洒布

图 3-3　沥青洒布设备

6　透层油洒布后，如有花白遗漏应人工补洒，喷洒过量的立即撒布石屑或砂吸油，必要时作适当碾压。

7　在透层油喷洒前，用塑料薄膜将路缘石、平石、检查井盖等结构物进行覆盖，防止造成污染（图3-4）。

8　洒布完成后应及时封闭交通，不得有车辆通行等损害透层的现象发生。水分蒸发后应尽早施工下封层。

图 3-4　塑料薄膜覆盖保护

3.2 封层施工要点

1 下封层施工前,应将下卧层表面清扫干净,使表层集料颗粒部分外露,必要时用水冲洗,雨后或用水清洗的表面,水分必须蒸发干净、晒干。

2 沥青喷洒、集料撒布应均匀,多洒的沥青应铲除,多撒的集料应在铺筑沥青路面下面层前清扫完毕,漏洒的部分应该补洒。

3 沥青喷洒

1)道路石油沥青宜在 155～165℃、改性沥青宜在 165～175℃、橡胶沥青宜在 180～190℃的温度条件下,用智能型沥青洒布车均匀喷洒在经过处理且干燥的下卧层上。乳化沥青、改性乳化沥青在常温下喷洒。

2)应使用智能型沥青洒布车喷洒沥青。洒布数量宜通过试验确定,喷洒数量应符合规定。喷洒应均匀,注意起步或终止以及纵向搭接处的喷洒数量,既不漏喷也不多喷。

3)沥青洒布车喷嘴的轴线应与路面垂直,并保证所有喷嘴的角度一致,同时调整洒布管的高度,尽量使同一地点能够接受到 2～3 个喷嘴喷洒的沥青(图 3-5)。

图 3-5 封层施工

4 集料撒布

1)沥青洒布后应立即用集料撒布机按下表 3-1 规定的数量撒布集

料。集料应撒布均匀，两幅搭接处不应漏撒，也不应多撒。

下封层材料规格及用量　　　表3-1

下封层类型	沥青			集料	
	名称	洒布量（kg/m²）	规格（mm）	撒布量（m³/1000m²）	
乳化沥青+碎石	乳化沥青	0.9~1.0	2.36~4.75	5~8	
改性沥青+碎石	改性沥青	1.0~1.2	4.75~9.5	覆盖70%~80%	
道路石油沥青+碎石	道路石油沥青	0.7~1.0	4.75~9.5	覆盖70%~80%	
橡胶沥青+碎石	橡胶沥青	2.0~2.6	9.5~13.2	覆盖70%~80%	
改性乳化沥青+碎石	改性乳化沥青	0.9~1.1	2.36~4.75	5~8	

2）一个施工段施工完成后，根据撒布总量检查集料的平均撒布量。

5 碾压

集料撒布后立即用轻型轮胎压路机均匀碾压3遍，每次碾压重叠1/3轮宽，碾压应做到两侧到边，确保有效压实宽度。

6 养生

稀浆封层铺筑后，必须待乳液破乳、水分蒸发、干燥成型后方可开放交通。稀浆封层施工气温不得低于10℃，严禁在雨期施工，摊铺后尚未成型混合料遇雨时应予铲除。

3.3 粘层施工要点

1 粘层油喷洒

1）沥青洒布后应立即用集料撒布机按设计要求撒布集料。集料应撒布均匀，两幅搭接处不应漏撒，也不应多撒。洒布数量宜通过试验确定，一般宜为 0.3～0.6L/m²。喷洒应均匀，注意起步或终止和接缝的洒布量。

2）喷洒的粘层油必须呈均匀雾状，在路面全宽度内均匀分布形成一薄层，不得有洒花漏空或呈条状，也不得有堆积。对于局部喷量过多的段落应刮除，对于漏洒的应人工补洒。在路缘石、雨水进水口、检查井等局部位置采用人工涂刷（图3-6）。

图 3-6 粘层油喷洒

3）沥青洒布车喷嘴的轴线应与路面垂直，并保证所有喷嘴的角度一致，同时保证洒布管的高度，尽量使同一地点能够接受到 2～3 个喷洒嘴喷洒的沥青。

2 喷洒粘层油后，应封闭交通、养护管理。

3.4 热拌沥青混合料面层施工要点

1 试验段施工

1）试验段应选在具有代表性的主线直线段，采用两种或两种以上的试铺碾压方案，每种方案长度不少于150m。

2）通过试拌确定拌和机的控制参数：拌合数量、时间、温度及上料速度等。

3）验证沥青混合料的配合比设计和沥青混合料的技术性质，决定正式生产用的矿料配合比和油石比。

4）检验沥青混合料施工性能，评价是否利于摊铺和压实，要求混合料均匀不离析、不结块。

5）摊铺机的操作方式：摊铺温度、摊铺速度、初步振捣夯实的方法和强度、自动找平方式等。

6）压实机具的选择、组合，压实顺序，碾压温度，碾压速度及遍数。

7）确定施工产量及作业段的长度和松铺系数。

2 沥青混合料拌和

1）沥青混合料应采用间歇式拌和机，在施工过程中，应安排专人对沥青拌和机进行日常检查维护，确保拌和机运转正常。

2）集料上料过程中，装载机从底部按顺序竖直装料，减小集料离析。

3）道路石油沥青混合料每盘的拌和周期一般不少于45s，其中干拌时间一般不少于5s；改性沥青混合料拌和时间适当延长，改性沥青SMA混合料拌和周期一般为60~70s，拌和时间应根据具体情况由试拌确定，保证沥青均匀裹覆。

4）严格控制沥青和集料的加热温度以及沥青混合料的出厂温度，集料温度应比沥青温度高10~15℃。

①道路石油沥青混合料的拌和施工温度宜根据135~175℃条件下测定的黏度—温度曲线确定；改性沥青混合料的施工温度参考沥青供货商的技术说明。条件不具备时，可按《公路沥青路面施工技术规范》JTG F40—2004的规定执行，并根据实际情况适当调整。

②开始几盘集料应提高加热温度，并干拌几锅集料废弃，再正式加沥青拌和混合料。

3 沥青混合料运输

1）拌和机或储料仓向运料车卸料时，料车应"前、后、中"移动，分3~5次卸料（图3-7）。

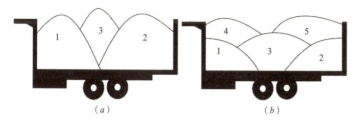

图 3-7 运输

（a）3 次卸料法示意图；（b）5 次卸料法示意图

2）卸料过程中，运料车在摊铺机前 10～30cm 处停住，运料车不得撞击摊铺机。卸料过程中运料车应挂空挡，靠摊铺机推动前进。

3）运输到摊铺现场的混合料，如温度不符合要求或遭雨淋，应作废弃处理。

4）在运输时，为防混合料粘在车厢底板上，可采取涂刷一薄层油水（柴油:水 =1∶3）混合液来避免。但不得有余液积聚在车厢底部。

4 沥青混合料摊铺

1）沥青混合料摊铺时应单幅一次性摊铺，可采用两台摊铺机梯队同时摊铺作业，也可采用一台摊铺机摊铺。两台摊铺机摊铺时，摊铺机必须为同一机型，新旧程度和性能相近，以保证铺筑均匀、一致（图 3-8）。

图 3-8 沥青路面双机摊铺

2）摊铺机开工前应提前 0.5~1h 预热熨平板，使其温度不低于 100℃。铺筑过中，应使熨平板的振捣或夯锤压实装置具有适宜的振动频率和振幅，以保证面层的初压实度达 85% 左右。熨平板连接应紧密避免摊铺的混合料出现划痕。

3）下面层摊铺和桥面上下铺装层摊铺时，应采用钢丝引导控制高程的方式，每 10m 设一钢丝支架。采用两台摊铺机实施摊铺施工时，靠路中侧摊铺机在前，其左架设钢丝，摊铺机上安装横坡仪或在右侧架设铝合金导梁控制摊铺层横坡；后面摊铺机右侧架设钢丝，左侧在摊铺好的层面上走"雪撬"控制高程。中、上面层应采用非接触式平衡梁控制摊铺厚度，两台摊铺机摊铺层的纵向热接缝，应采用斜接缝，避免出现缝痕。两台摊铺机前后距离不应超过 10m。

4）调好螺旋布料器两端的自动料位器，并使料门开度、链板送料器的速度和螺旋布料器的转速相匹配。螺旋布料器内混合料表面以略高于螺旋布料器 2/3 高度为宜，熨平板挡板前混合料的高度应在全宽范围内保持一致，减少离析现象。

5）摊铺机作业方向应与路面车辆行驶方向一致，摊铺速度宜控制在 2~6m/min，对改性沥青混合料宜放慢至 1~3m/min，根据拌和机的产量、施工机械配套情况及摊铺厚度、摊铺宽度予以调整，做到缓慢、均匀、连续摊铺。做到每天仅在收工时停机一次。

6）摊铺过程中，应随时检测松铺厚度，发现异常应立即调整。

7）摊铺遇雨时，立即停止施工，并清除已摊铺尚未压实成型的混合料。

5 碾压

1）沥青面层施工，应配备足够数量的压路机，当施工时气温低、风速大、碾压层薄时，应增加压路机数量。

2）普通沥青混合料面层的压实应采用重型压路机，双钢轮压路机应不小于 12t，轮胎压路机应不小于 25t，必要时应采用 30t 以上的轮胎压路机进行碾压作业，OGFC 沥青混合料宜采用小于 12t 的双钢轮压路机。压路机使用性能良好，不得出现漏油现象。密级配普通沥青混凝土的复压宜优先采用重型轮胎压路机进行搓揉碾压，SMA路面不宜采用轮胎压路机碾压，以防将沥青结合料搓揉挤压上浮，宜采用振动压路机或钢筒式压路机碾压。

3）应选择合理的压路机组合方式及碾压步骤。初压应在混合料不产生推移、开裂等情况下尽量在较高温度下进行。初压一般采用双钢轮压路机，AC和Superpave型混合料复压宜采用轮胎压路机，SMA、OGFC宜采用双钢轮压路机；终压采用双钢轮压路机，单幅两车道可按表3-2～表3-4执行。

AC、Superpave混合料面层碾压模式　　表3-2

碾压阶段	压路机类型	数量	碾压模式
初压	双钢轮振动压路机（11t以上）	2台	整幅范围内，前后振压2遍
复压	轮胎压路机（25t以上）	3台	整幅范围内套轮循环碾压，各2遍
终压	双钢轮振动压路机（12t以上）	1台	静压1～2遍

SMA混合料面层碾压模式　　表3-3

碾压阶段	压路机类型	数量	碾压模式
初压	双钢轮振动压路机（11t以上）	2台	整幅范围内，前后振压2遍
复压	双钢轮振动压路机（11t以上）	2台	整幅范围内套轮循环，前后振压各2遍
终压	双钢轮振动压路机（11t以上）	1台	静压1～2遍

OGFC混合料面层碾压模式　　表3-4

碾压阶段	压路机类型	数量	碾压模式
初压	双钢轮振动压路机（12t以上）	2台	整幅范围内，静压2遍
复压	双钢轮振动压路机（12t以上）	2台	整幅范围内套轮循环，静压各2遍
终压	双钢轮振动压路机（12t以上）	1台	静压1～2遍

4)压路机应以缓慢而均匀的速度碾压,压路机的适宜碾压速度随初压、复压、终压及压路机的类型而区别,应符合要求。

5)为避免碾压时混合料推挤产生拥包,碾压时驱动轮应朝向摊铺机;碾压路线及方向不应突然改变;压路机启动、停止必须减速缓行,不得刹车制动;压路机折回位置应呈阶梯状,不应在同一横断面。

6)碾压时应将压路机的驱动轮面向摊铺机,从外侧向中心碾压,在超高路段则由低向高碾压,在坡道上应将驱动轮从低处向高处碾压。振动压路机应遵循"紧跟、慢压、高频、低幅"的原则,即紧跟在摊铺机后面,采取高频率、低振幅的方式慢速碾压(图3-9)。

图3-9 碾压

7)在当天碾压完成的沥青面层上,不得停放压路机及其他施工设备;并防止矿料油料和杂物散落在沥青面层上。

8)宜用沾有隔离剂的拖布擦涂轮胎,防止沥青混合料粘轮,禁止使用柴油、机油等作为压路机隔离剂。

6 接缝处理

1)纵向施工缝。当采用两台摊铺机梯队摊铺产生的纵向接缝,应采用松铺斜接缝,以热接缝形式做一次跨接缝碾压。如果两台摊铺机相隔距离较长,先摊铺层应留下10~20cm宽暂不碾压,作为后续摊铺的基准面,并跨缝一次碾压密实。对于路面将产生的纵向冷接缝,应在混合料尚未完全冷却前用镐刨除边缘留下毛茬的方式,不宜在冷却后用切割机切割作纵向接缝。碾压时，对重叠在已铺层上的50~100mm混合料推向新铺混合料，将压路机的大部分行驶在新铺层上，压路机小部分100~150mm行驶在已铺层上行走，或者碾压时由热铺面向冷铺面碾压，直至留下100~150mm，再跨缝压实。上、下层纵缝位置应横向错开15cm（热接缝）以上或300~400mm（冷接缝）以上。

2）横向施工缝。全部采用平接缝。在铺设当天混合料冷却但尚未结硬时，用3m直尺沿纵向放置。在摊铺段端部的直尺呈悬臂状，以摊铺层与直尺脱离接触处定出接缝位置，用凿岩机或人工用镐垂直刨除端部层后不足的部分，使接缝能成直角连接，并涂抹改性乳化沥青；继续摊铺时，刨除的断面应保持干燥，摊铺机熨平板从接缝处起步摊铺；碾压时用钢轮压路机进行横向压实，从先铺面层上跨缝逐渐移向新铺面层。接缝碾压完毕再碾压新铺面层，横向缝接续施工前应在断面涂刷粘层油。上、下层横缝应错开1m以上（图3-10）。

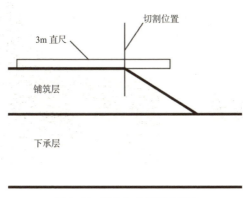

图3-10 横向施工切缝示意图

3）当天碾压完毕应将压路机开至未铺面层上过夜，第二天压路机开回新施工面层上后，再按要求铲除接缝处斜坡层继续摊铺沥青混合料（图3-11）。

图 3-11 接缝处理

7 细部处理：对边角、井周及有障碍物碾压不到的部位，用立夯或小型碾压设备夯实（图3-12）。

图 3-12 细部处理

质量控制要点

1）沥青上面层完成后表面应平整、坚实，不得有脱落、掉渣、裂缝、推挤、烂边、粗细料集中、油斑等现象。

2）用12t以上压路机碾压后不得有明显轮迹。

3）施工接缝应紧密、平顺、无跳车，烫缝不应枯焦。

4）面层与路缘石、构筑物应接顺，不得污染其他构筑物，不得有积水现象（图3-13）。

图3-13 沥青混凝土面层成型

3.5 水泥混凝土面层施工要点

1 试验段施工

1）正式摊铺混凝土面层前，必须铺筑试验段，试验段长度不应短于200m。试验段面层的铺筑应在拌和机经调整已达到性能稳定、滑模摊铺机性能状态良好、操作工人熟练的情况下进行，保证试验段能按生产路的条件施工，以总结经验指导正式施工。

2）通过试拌检验搅拌楼性能及确定合理搅拌工艺，检验适宜摊铺的搅拌楼拌和参数：上料速度，拌和容量，搅拌均匀所需时间，新拌混凝土坍落度、振动黏度系数、含气量、泌水性、vc值（维博稠度）和生产使用的混凝土配合比等。

3）通过试铺检验主要机械的性能和生产能力，检验辅助施工机械组配合理性，检验面层摊铺工艺和质量：模板架设固定方式或基准线设置方式，摊铺机械（具）的适宜工作参数，包括：松铺系数、摊铺速度、振捣时间与频率、滚压遍数、碾压遍数、压实度、中间和侧向拉杆置入情况等，检验整套施工工艺流程。

4）根据试验段总结现有配套机械系统的生产能力、搅拌楼产量，提出材料供应要求、铺筑进度，从而制定面层混凝土摊铺施工进度计划。

2 拌和

1）每台搅拌楼在投入生产前，必须进行标定和试拌。在标定有效期满或搅拌楼搬迁安装后，均应重新标定。

2）混凝土拌合物出料温度宜控制在 10~35℃。

3）混凝土拌合物应均匀一致，有生料、干料、离析或外加剂、粉煤灰成团现象的非均质拌合物严禁用于路面摊铺。一台搅拌楼的每盘之间，各搅拌楼之间，拌合物的坍落度最大允许偏差为 ±10mm。拌合物坍落度应为最适宜摊铺的坍落度值与当时气温时运输坍落度损失值两者之和。

3 运输

1）水泥混凝土的运输可使用自卸车，自卸车车厢应不漏浆、加盖篷布，其配置数量应满足实际最快施工进度不停工待料的要求；浇灌车及自卸车车厢不得存留结硬的混凝土和污染装运的混凝土。

2）运输车辆在模板或导线区调头或错车时，严禁碰撞基准线，一旦碰撞，应告知测工重新测量纠偏。车辆倒车及卸料时，应有专人指挥，严禁碰撞摊铺机和前场施工设备及测量仪器。

4 摊铺

1）滑模摊铺

①操作滑模摊铺机应缓慢、匀速、连续不间断地作业。摊铺速度应根据拌合物稠度、供料多少和设备性能控制在 0.5~3.0m/min 之间，一般宜控制在 1m/min 左右。拌合物稠度发生变化时，应先调振捣频率，后改变摊铺速度。

②应随时调整松方高度板控制进料位置，开始时宜略设高些，以

保证进料。正常摊铺时应保持振捣仓内料位高于振捣棒100mm左右，料位高低上下波动宜控制在±30mm之内（图3-14~图3-16）。

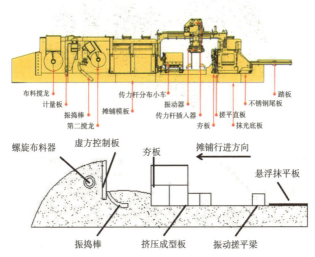

图3-14 滑模摊铺机结构示意图

图3-15 滑模摊铺机施工

图 3-16　基准线测设

③正常摊铺时,振捣频率可在 6000～11000r/min 之间调整,宜采用 9000 r/min 左右。应防止混凝土过振、欠振或漏振。应根据混凝土的稠度大小,随时调整摊铺的振捣频率或速度。摊铺机起步时,应先开启振捣棒振捣 2～3min,再缓慢平稳推进。摊铺机脱离混凝土后,应立即关闭振捣棒组(图 3-17)。

图 3-17　滑模摊铺机振捣装置布设

④滑模摊铺机满负荷时可铺筑的路面最大纵坡为:上坡 5%;下坡 6%。上坡时,挤压底板前仰角宜适当调小,并适当调轻抹平板压力;下坡时,前仰角宜适当调大,并适当调大抹平板压力。

⑤滑模摊铺机施工的最小弯道半径不小于 50m;最大超高横坡不

宜大于7%。

⑥单车道摊铺时，应视路面设计要求配置一侧或双侧打纵缝拉杆的机械装置。2个以上车道摊铺时，除侧向打拉杆的装置外，还应在假纵缝位置处配置拉杆自动插入装置（图3-18、图3-19）。

图3-18 边缘拉杆自动打入

图3-19 滑模机自动压入拉杆

⑦软拉抗滑构造时表面砂浆层厚度宜控制在（4±1）mm，硬刻槽路面的砂浆表层厚度宜控制在2~3mm。

⑧养护5~7d后，方允许摊铺相邻车道，严禁重车在养护面层上行驶，且不得破坏养生覆盖物。

2）混凝土面层修整

①滑模摊铺过程中应采用自动抹平装置进行抹面。对少量局部麻

面和明显缺料部位，应在挤压板后或搓平梁前，补充适量拌合物，由搓平梁或抹平板机械修整（图3-20、图3-21）。

图3-20　悬浮抹平板

图3-21　滑模摊铺机自带拉毛、软刻纹装置

②人工操作抹面抄平器，精整摊铺后表面的缺陷，不得在整个表面用加铺薄砂浆层修补路面标高。

③对滑模摊铺机起步摊铺段及施工接头，应采用水平仪抄平，采用3m直尺边测边修整。

3）三辊轴机组摊铺

①卸料均匀，布料应与摊铺速度相适应。坍落度为10～40mm的拌合物，松铺系数为1.12～1.25。

②混凝土拌合物布料长度大于10m时，应开始振捣作业。排式振捣机振实时，作业速度宜控制在4m/min以内。

③面板振实后，应随即安装纵缝拉杆。

④三辊轴整平机按作业单元分段整平，作业单元长度宜为20~30m，振捣机振实与三辊轴整平两道工序之间的时间间隔不宜超过15min。

⑤三辊轴滚压振实的料位高差宜高于顶面5~20mm，过高时应铲除，过低时应及时补料。

⑥三辊轴整平机在一个作业单元长度内，应采用前进振动、后退静滚方式作业，一般为2~3遍。最佳滚压遍数应经试铺确定（图3-22）。

图3-22 静碾压作业

⑦在三辊轴整平机作业时，应及时处理轴前料位的高低情况，过高时，应辅以人工铲除，轴下有间隙时，应使用混凝土找补。

⑧表面砂浆厚度宜控制在（4±1）mm，三辊轴整平机前方表面过厚、过稀的砂浆必须刮除丢弃。

⑨应采用3~5m刮尺，在纵、横两个方向进行精平饰面，每个方向不少于2遍（图3-23）。也可采用旋转抹面机密实精平饰面2遍（图3-24）。

图 3-23 人工刮尺整平

图 3-24 旋转抹面机抹面

5 面层接缝

1）纵缝施工

①当一次摊铺宽度小于路面和硬路肩总宽度时，应设纵向施工缝，位置应避开轮迹，并重合或靠近车道线，构造可采用平缝加拉杆型。当所摊铺的面板厚度不小于 260mm 时，也可采用插拉杆的企口型纵向施工缝。纵向施工缝的拉杆可用摊铺机的侧向拉杆装置插入。

②当一次摊铺宽度大于 4.5m 时，应采用假缝拉杆型纵缝，即锯切纵向缩缝，纵缝位置应按车道宽度设置，并在摊铺过程中用专用的拉杆插入装置插入拉杆。

③钢筋混凝土面层、桥面和搭板的纵缝拉杆可由横向钢筋延伸穿过接缝代替（图 3-25）。

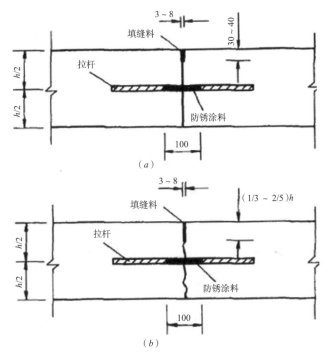

图 3-25 纵缝构造（单位：mm，h 代表面板厚度）
(a) 纵向施工缝；(b) 纵向缩缝

④插入的侧向拉杆应牢固，不得松动、碰撞或拔出。若发现拉杆松脱或漏插，应在横向相邻路面摊铺前，钻孔重新植入。当发现拉杆可能被拔出时，宜进行拉杆拔出力（握裹力）检验。

2）横向缩缝施工

①每天摊铺结束或摊铺中断时间超过 30min 时，应设置横向施工缝，其位置宜与胀缝或缩缝重合，确有困难不能重合时，施工缝应采用设螺纹传力杆的企口缝形式。横向施工缝应与路中心线垂直。横向施工缝在缩缝处采用平缝加传力杆型。在胀缝处其构造与胀缝相同。

②普通混凝土路面横向缩缝宜等间距布置。不宜采用斜缝。不得不调整板长时，最大板长不宜大于 6.0m，最小板长不宜小于板宽。

③水泥混凝土路面横向缩缝应设置传力杆。缩缝传力杆的施工方法可采用前置钢筋支架法或传力杆插入装置（DBI法）。钢筋支架应具有足够的刚度，传力杆应准确定位，摊铺之前应在基层表面放样，并用钢钎锚固，宜使用手持振捣棒振实传力杆高度以下的混凝土，然后机械摊铺。传力杆无防粘涂层一侧应焊接，有涂料一侧应绑扎。用DBI法置入传力杆时，应在路侧缩缝切割位置做标记，保证切缝位于传力杆中部（图3-26~图3-28）。

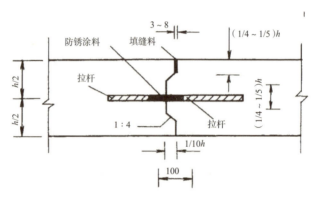

图3-26　横向施工缝构造（h代表面板厚度）

图3-27　传力杆安装

图3-28 拉杆预埋

3）混凝土面层横向缩缝均应采用切缝法施工。切缝作业应符合下列规定：

①横向缩缝的切缝方式有全部硬切缝、软硬结合切缝和全部软切缝三种，切缝方式的选用，应由面层摊铺完毕到切缝时的昼夜温差确定，可按表3-5选用。采用硬切缝时，宜按度时积180～200℃·h控制切缝，不宜迟切缝。

切缝方式的选用　　　　　　　表3-5

昼夜温差（℃）	切缝方式	切缝深度
<10	宜全部硬材缝，最长时间不得超过24h	硬切缝1/4～1/5板厚
10～15	软硬结合切缝，每隔1～2条提前切缝，其余用硬切缝补切	软切深度不小于60mm，不足者应硬切补深到1/3板厚，已断开的缝不补齐
>15	宜全部软切缝，抗压强度约为1～1.5MPa，人可行走，软切缝不宜超过6h	软切缝深度大于或等于60mm，未断开的接缝，应硬切补深到1/4板厚

注：注意降雨后刮风引起路面温度骤降，面板温差在表中规定范围内，应按表中方法提早切缝。

②对分幅摊铺的路面应在先摊铺的混凝土板横向缩缝已断开的部位做标记。在后摊铺的面层上应对齐已断开的横缩缝提前软切缝。

③切缝深度应为1/3~1/4板厚，最浅不得小于70mm（图3-29）。

图3-29 切缝施工

4）胀缝设置与施工

①普通混凝土面层的胀缝应设置胀缝补强钢筋和钢筋支架、胀缝板和传力杆。胀缝宽20~25mm，使用沥青或塑料薄膜滑动下封闭层时，胀缝板及填缝宽度宜加宽到25~30mm。距胀缝板顶部4~6cm处切缝，切缝深度是胀缝板厚度的4/5。胀缝的两侧粘贴塑料薄膜，以防胀缝板连浆，待混凝土达到设计强度时，取出顶部的4~6cm胀缝板，立即进行嵌缝施工。传力杆一半以上长度的表面应涂防粘涂层，端部应戴活动套帽，套帽材料与尺寸应符合要求。胀缝板应与路中心线垂直，缝壁垂直；缝隙宽度一致；缝中完全不连浆（图3-30）。

②胀缝应采用前置钢筋支架法施工，也可采用预留一块面板，高温时再铺封。前置法施工，应预先加工、安装和固定胀缝钢筋支架，并在使用手持振捣棒振实胀缝板两侧的混凝土后再摊铺。整平表面，胀缝应连续贯通整个路面板宽度。

5）灌缝

①混凝土板养护期满后应及时填缝，缝内的砂石、灰浆等杂物，

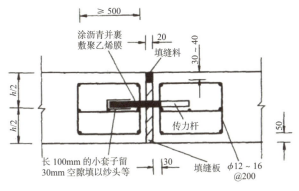

图 3-30 胀缝构造

应剔除干净。

②应按设计要求选择填缝料，并根据填料品种制定工艺技术措施。

③浇注填缝料必须在缝槽干燥状态下进行，填缝料应与混凝土缝壁粘附紧密，不渗水。

④灌缝的形状系数宜控制在 2 左右，灌缝深度宜为 15~20mm，最浅不得小于 15mm。挤压嵌入直径 9~12mm 多孔泡沫塑料背衬条，再灌缝。气温较高时施工的灌缝，顶面应与板面齐平；气温较低时应填为凹液面，中心低于板面 1~2mm。填缝必须饱满、均匀、厚度一致并连续贯通，填缝料不得缺欠、开裂和渗水（图 3-31）。

图 3-31 人工配合灌缝机作业

⑤常温施工式填缝料的养生期，低温天宜为 24h，高温天宜为 12h。加热施工式填缝料的养生期，低温天宜为 2h，高温天宜为 6h。在灌缝料养生期间应封闭交通。

6）抗滑构造施工

①混凝土路面应采用硬刻槽，为降低噪声宜采用非等间距纵向刻槽，尺寸宜为：槽深 3~5mm，槽宽 3mm，槽间距在 12~24mm 之间随机调整。路面结冰地区，硬刻槽的形状宜使用上宽 6mm、下窄 3mm 的梯形槽；硬刻槽机重量宜重不宜轻，一次刻槽最小宽度不应小于 500mm，硬刻槽时不应掉边角，亦不得中途抬起或改变方向，并保证硬刻槽到面板边缘。混凝土抗压强度达到 40% 后可开始硬刻槽，并宜在两周内完成。硬刻槽后应随即将路面冲洗干净，并恢复面层的养生（图 3-32）。

图 3-32 硬刻纹

②在弯道或要求减噪的路段宜纵向刻槽。

③新建路面或旧路面抗滑构造不满足要求时，可采用硬刻槽或抛丸打毛等方法加以恢复。

6 养生

1）混凝土面层铺筑完成后，应立即开始养生，宜采用喷洒养生剂同时保湿覆盖的方式养生。在雨天或养生用水充足的情况下，也可采用覆盖保湿膜、土工毡、土工布、麻袋等洒水方式湿养生，不宜使用围水方式养生。

2）使用土工毡、土工布、麻袋等覆盖物保湿养生时，应及时洒水，保持混凝土表面始终处于潮湿状态。昼夜温差大于10℃以上的地区或日平均温度较低时，采用保湿膜养生（图3-33）。

图3-33 覆盖土工布洒水养生

3）养生时间应根据混凝土弯拉强度增长情况而定，不宜小于设计弯拉强度的80%，特别注重前7d的保湿（温）养生。一般养生天数宜为14~21d，高温天不宜少于14d，低温天不宜少于21d。掺粉煤灰的混凝土面层，最短养生时间不宜少于28d，低温天应适当延长。

4）养生初期，应封闭交通，在达到设计强度40%后，行人方可通行。面板达到设计弯拉强度后，方可开放交通。

3.6 料石铺砌人行道面层

1 铺砌应采用干硬性水泥砂浆，厚度应符合设计要求，虚铺系数应经试验确定。

2 料石铺砌完成并检查合格后，应及时灌缝。

3 铺砌控制基线的设置距离，直线段宜为 5~10m，曲线段应视情况适当加密。

4 当采用水泥混凝土作基层时，铺砌面层胀缝应与基层胀缝对齐。

5 铺砌中砂浆应饱满，且表面平整、稳定、缝隙均匀，与检查井等构筑物相接时，应平整、美观，不得反坡。不得用在料石下填塞砂浆或支垫方法找平（图 3-34）。

图 3-34 料石铺砌

6 行进盲道与提示盲道料石不得混用，盲道必须避开树池、检查井、杆线等障碍物（图 3-35）。

7 浇筑的素水泥浆水灰比宜控制在 0.4~0.5，且浇筑均匀。

8 伸缩缝材料应安放平直，并应与料石粘贴牢固。

9 料石面层表面应平整、稳固、无翘动，缝线直顺、灌缝饱满，无反坡积水现象（图 3-36）。

10 铺砌面层完成后，必须封闭交通，并应湿润养护，当水泥砂浆达到设计强度后，方可开放交通。

第3章 面层

图3-35 无障碍路口铺砌成型　　　图3-36 料石铺砌成型

3.7 混凝土预制砌块人行面层施工要点

1 水泥混凝土预制人行道砌块的抗压强度应符合设计规定，设计未规定时，不宜低于30MPa（图3-37、图3-38）。

2 砌块的耐磨性试验磨坑长度不得大于35mm，吸水率应小于8%，其抗冻性应符合设计规定。

3 砌块加工尺寸与外观质量允许偏差应符合表3-6的规定。

砌块加工尺寸与外观质量允许偏差（单位：mm） 表3-6

项目		允许偏差
长度、宽度		±2.0
厚度		±3.0
厚度差		≤3.0
平整度		≤2.0
垂直度		≤2.0
正面粘皮及缺损的最大投影尺寸		≤5
缺棱掉角的最大投影尺寸		≤10
裂纹	非贯穿裂纹最大投影尺寸	≤10
	贯穿裂纹	不允许
分层		不允许
色差、杂色		不明显

图3-37 压实人行道路床

图3-38 人行道垫层

图3-39 人行道铺装

4 砌块应表面平整、粗糙、纹路清晰、棱角整齐,不得有蜂窝、露石、脱皮等现象;彩色道砖应色彩均匀。

5 铺砌应采用干硬性水泥砂浆,虚铺系数应经试验确定。

6 铺砌控制基线的设置距离,直线段宜为5~10m,曲线段应视情况适度加密(图3-39)。

7 铺砌中砂浆应饱满,且表面平整、稳定、缝隙均匀。与检查井等构筑物相接时,应平整、美观,不得反坡。不得用在砌块下填塞砂浆或支垫方法找平(图3-40、图3-41)。

8 在铺装完成并检查合格后,应及时灌缝(图3-42)。

9 行进盲道砌块与提示盲道砌块不得混用,盲道必须避开树池、检查井、杆线等障碍物。

10 铺砌面层完成后，必须封闭交通，并应湿润养护，当水泥砂浆达到设计强度后，方可开放交通（图3-43）。

图3-40 平整度控制

图3-41 切砖补边

图3-42 细砂灌缝

图3-43 混凝土预制块铺装成型

3.8 沥青混合料铺筑人行道面层

1 沥青混凝土铺装层厚不得小于3cm，沥青石屑、沥青砂铺装层厚不得小于2cm。

2 沥青混合料压实度不得小于95%。表面应平整，无明显轮迹。

3 表面应平整、密实，无裂缝、烂边、掉渣、推挤现象，接茬应平顺、烫边无枯焦现象，与构筑物衔接平顺、无反坡积水。

4 沥青混合料铺筑人行道面层允许偏差应符合表 3-7 的规定。

沥青混合料铺筑人行道面层允许偏差　　表 3-7

项目		允许偏差	检验频率		检验方法
			范围	点数	
平整度（mm）	沥青混凝土	≤ 5	20m	1	用 3m 直尺和塞尺连续量两点，取较大值
	其他	≤ 7			
横坡（%）		±0.3%且不反坡	20m	1	用水准仪量测
井框与面层高差（mm）		≤ 5	每座	1	十字法，用直尺和塞尺量最大值
厚度（mm）		±5	20m	1	用钢尺量

5 铺砌面层完成后必须封闭交通，按照标准要求进行养护。

3.9 新技术应用

3.9.1 彩色透水混凝土路面施工要点

1 面层强度、原材料质量应符合设计及标准要求。

2 当透水水泥混凝土面层采用双色组合层设计时，应采用不同搅拌机分别搅拌不同色彩的混凝土。

3 预拌的透水水泥混凝土从出机至摊铺现场运输时间不宜超过 1.5h。

4 养护完成后的普通彩色透水水泥混凝土面层和露骨料透水水泥混凝土应喷涂面层保护剂，用量应符合设计及标准要求。

5 当采用彩色透水水泥混凝土双色组合层施工时，上面层应在下面层初凝前进行铺筑，两层之间应有效粘结并结合成紧密的整体。

6 透水水泥混凝土宜采用平整压实机，或采用低频平板振动器振动和专用滚压工具滚压。压实时应辅以人工补料及找平，人工找平时施工人员应穿减压鞋进行操作。

7 透水水泥混凝土压实后,宜使用抹平机对透水水泥混凝土面层进行收面,必要时应配合人工拍实、整平(图3-44、图3-45)。

8 当路面达到设计强度的25%~30%方可切缝缩缝深度宜为$1/2h \sim 1/3h$,胀缝应与路面厚度相同。

9 缩缝、胀缝均应嵌入硅酮密封膏、聚硫密封膏等柔性嵌缝材料。面层的胀缝、缩缝可使用专用胀缝条填嵌。

图3-44 透水水泥混凝土收面

图3-45 透水水泥混凝土路面成型

3.9.2 橡胶沥青路面施工要点

1 施工温度（表3-8）

橡胶沥青路面施工温度要求　　　　表3-8

工序	控制温度（℃）	测量部位
橡胶沥青加热温度	180～190	沥青加热罐
集料加热温度	190～200	热料提升机
混合料出料温度	175～185	运料车
混合料最高温度	≤195	运料车
摊铺温度	≥165	摊铺机
初压开始温度	≥160	摊铺层内部
复压最低温度	≥140	碾压层内部
碾压终了温度	≥90	碾压层表面
开始交通温度	≤50	路表面

2 橡胶沥青生产和储存

1）橡胶沥青宜采用可以加速升温与控温的专用设备加工生产，橡胶沥青加工设备应进行专门标定，并进行定期检查，确保达到环保要求。

2）橡胶沥青加工搅拌时间宜大于45min。

3）生产的橡胶沥青宜在24h内使用完毕。当需要临时储存时，应将橡胶沥青温度降到145～155℃范围内存储，存储时间不应超过3d。在存储期间应检测橡胶沥青技术指标是否满足技术要求，如不满足要求，应重新加工或掺入一定剂量的废轮胎胶粉，重新预混，反应至满足技术要求。

3 橡胶沥青混合料生产和储存

1）橡胶沥青混合料宜采用间歇式拌和机拌和，总的拌和能力应满足施工进度要求。

2）橡胶沥青混合料拌和时间应根据具体情况试拌决定，以沥青均匀裹覆集料为度。间歇式拌和机每盘生产周期不宜少于 50s，其中干拌时间不宜小于 15s。

3）橡胶沥青混合料宜随拌随用，储存时间不宜超过 10h，存储过程中温降不得大于 10℃。

4 橡胶沥青混合料摊铺和压实

1）摊铺机必须缓慢、均匀、连续不间断的摊铺，不得随意变换速度或中途停顿。摊铺速度宜控制在 1~3m/min。橡胶沥青混合料的松铺系数应通过试验路段的试铺确定。

2）橡胶沥青混合料的压实应分为初压、复压与终压三个阶段，各阶段压实应遵循紧跟、慢压的原则进行，具体的碾压速度与碾压温度应根据压路机、气温、层厚等情况经试压确定。

3）橡胶沥青路面宜采用多台钢筒式压路机，压路机轮迹的重叠宽度不应少于 200mm。

4）初压应在混合料摊铺后，紧跟摊铺机进行碾压，碾压长度不应大于 30m，不得产生推移、开裂，压路机应从下坡角向上坡角碾压，相邻碾压带应重叠 300mm。

5）复压应采用钢筒振动压路机高频低幅振动碾压，当橡胶沥青面层厚度较薄或用于桥面铺装时，宜采用水平振荡压路机。

5 接缝处理

1）橡胶沥青面层的施工接缝应紧密、平顺。

2）采用梯队作业的纵向接缝应采用热接缝。橡胶沥青面层的纵向接缝与下部结构层的纵向接缝应错开 150mm。

3）橡胶沥青面层的横向接缝应采用垂直的平接缝。相邻两幅橡胶沥青面层的横向接缝应错开 1m 以上。橡胶沥青面层与下部结构层的横向接缝应错开 1m 以上。

3.9.3 再生沥青路面施工要点

1 厂拌热再生沥青路面施工要点

1）拌和设备必须具备回收沥青路面材料（RAP）计量、再生剂计量喷洒等再生系统。当回收沥青路面材料（RAP）掺配比例大于5%时，宜增加回收沥青路面材料（RAP）烘干加热系统，加热温度宜为95~130℃。

2）回收沥青路面材料（RAP）料仓数量不应少于2个，料仓内的回收沥青路面材料（RAP）含水率不应大于3%。

3）应适当提高新集料的加热温度，最高温度不宜超过200℃。干拌时间应比同类热拌沥青混合料延长5~10s，总拌和时间应比普通热拌沥青混合料高15s左右。再生沥青混合料拌和出料温度宜比同类热拌沥青混合料高5~15℃。加热时，回收沥青路面材料（RAP）不得直接与火焰接触。

4）厂拌热再生沥青混合料的摊铺温度宜比同类热拌沥青混合料高5~15℃。摊铺的其他要求，应符合现行行业标准《城镇道路工程施工与质量验收规范》CJJ 1对热拌沥青路面的规定。

5）厂拌热再生沥青混合料的压实温度宜比同类热拌沥青混合料高5~15℃，宜配备大吨位轮胎压路机复压。压实的其他要求，应符合现行行业标准《城镇道路工程施工与质量验收规范》CJJ 1对热拌沥青路面的规定。

6）厂拌热再生沥青路面施工过程中回收沥青路面材料（RAP）的质量检查应符合表3-9的规定。

厂拌热再生沥青路面回收沥青路面材料（RAP）的质量检查 表3-9

试验项目	质量要求	检查频率
级配、沥青含量	实测	每工作日1次
含水率	≤3%	每工作日1次

2 现场热再生沥青路面施工要点

1）现场热再生施工前应进行现场周边环境调查，对可能受到影响的绿化隔离带、树木、加油站、窨井盖、管线等应提前采取隔离措施，并应采取防火措施。

2）旧路面应充分加热。不得因加热温度不足造成铣刨时集料破损，也不得因加热温度过高造成沥青过度老化。应减小各再生设备间距。原路面加热宽度比铣刨宽度每侧应宽出20cm及以上。

3）路面铣刨深度应均匀。当铣刨深度变化时，应缓慢渐变铣刨面温度应高于70℃。

4）再生剂喷洒装置应与再生复拌机运行速度联动并可自动控制，应能准确按设计剂量喷洒。

5）再生混合料的摊铺温度应高于120℃。加铺再生时，再生混合料和加铺料应采用现场再生机双熨平板同时摊铺。

6）现场热再生混合料的碾压应配套使用大吨位的振动双钢轮压路机、轮胎压路机等压实机具。碾压应紧跟摊铺进行，当使用双钢轮压路机时，宜减少喷水；当使用轮胎压路机时，不宜喷水。

7）现场热再生沥青路面施工过程中的质量检查应符合表3-10的规定。

现场热再生沥青路面施工过程中的质量检查 表3-10

检查项目	质量要求或允许偏差	检查频率
再生剂用	适时调整，总量控制	随时
再生混合料摊铺温度（℃）	>120	随时
外观	表面平整密实，无明显轮迹、裂痕、推挤、油包、离析等缺陷	随时
压实度（理论最大相对密度）均值（%）	≥94	每个工作日1~2次
宽度（mm）	不小于设计宽度	随时
再生厚度（mm）	±5	随时
加铺厚度（mm）	±3	随时
平整度最大间隙（mm）	<3	随时

续表

检查项目	质量要求或允许偏差	检查频率
横接缝高差（mm）	<3，必须压实	随时
纵接缝高差（mm）	<3，必须压实	随时

注：1 当再生层用作次干路底基层，或者用于支路时，纵断面高程控制要求可适当放宽。
  2 铺筑试验段时，压实度检测频率应增加1倍。

3.9.4 高模量沥青（HMB）路面施工要点

1 拌和

1）高模量沥青混合料（HMAC）的生产温度应符合要求。烘干集料的残余含水量不得大于1%。每天开始几盘集料应提高加热温度，并干拌几锅集料废弃，再正式加沥青拌和混合料。

2）高模量沥青混合料拌和时间根据具体情况经试拌确定，以沥青和外掺剂均匀裹覆集料为度。间歇式拌和机每盘的生产周期不宜少于45s（其中干拌时间不少于10s），加入沥青后的湿拌时间不少于40s。当采用聚合物改性沥青或掺加添加剂时，其拌和时间宜延长5s以上。

3）间隙式拌和机宜备有保温性能好的成品储料仓，贮存过程中混合料温降不得大于10℃、且不能有沥青滴漏，高模量混合料只限当天使用。

4）高模量外掺剂可在粗集料投入的同时自动加入，经10s左右的干拌后，再投入矿粉。

5）高模量沥青混合料的拌和时间可通过试拌确定，拌和机拌和的沥青混合料应均匀一致，无花白料，无结团成块或严重的粗细料分离现象。

2 运输及存储要求

1）沥青储存罐的加热必须使用导热油循环加热系统，使沥青均匀受热，防止长时间受热不均导致老化。

2）单罐单储，不得与其他型号沥青混存；高模量天然沥青使用前存储温度不得高于190℃。

3）沥青储存罐应带搅拌系统，高模量沥青使用前应充分搅拌，保证体系的均匀性。

4）48h 以内使用的沥青，建议存储温度控制在 160～180℃，并且每天保证 2～3h 的循环或搅拌，尤其是长时间静置后再使用前一定要保证充足的循环或搅拌。

5）高模量沥青混合料的运输，宜使用装载量不小于 30t 的运料车，运料车四周应加盖保温篷布或岩棉，在运距较长或温度散失较快时可在篷布下加盖棉被保温。

6）运输混合料的卡车料斗应采用有效的防粘结措施，但不宜使用燃料油或其他可能改变沥青黏度的石油产品。

3 施工温度

高模量天然沥青混合料施工温度应满足表 3-11 的要求，并应结合运输距离、气候条件、结合料类型等因素进行调整。

混合料施工温度要求　　　　　表 3-11

工序	温度要求（℃）	测量部位
沥青加热	180～190	沥青储罐
集料加热	190～220	热料提升斗
混合料出厂	170～185	热料仓放料
混合料贮存	降低不超过 10	运料车
混合料废弃	>200	运料车
摊铺	≥160	摊铺机
初压终了	≥150	摊铺层内部
复压终了	≥130	碾压层表面
终压	≥110	路表层
开放交通	≤50	路表面

注：采用具有金属探测针的插入式数显温度计测量，表面温度可采用表面接触式温度计测定，当采用红外线温度计测量表面温度时，应进行标定。

4 摊铺

1）高模量沥青混合料应采用沥青摊铺机摊铺。摊铺机的受料斗应涂刷薄层隔离剂或防粘结剂。

2）摊铺机的受料斗应涂刷薄层隔离剂或防粘结剂，并在开工前提前 0.5~1h 预热熨平板至不低于 110℃。铺筑过程中应选择熨平板的振捣或夯锤压实装置开启高频低幅模式，使路面初始压实度不小于 85%。摊铺机熨平板必须拼接紧密，不能存有缝隙，防止卡料将路面拉出条痕。

3）摊铺机必须缓慢、均匀、连续不间断地摊铺，不得随意变换速度或中途停顿，以提高平整度，减少混合料的离析。摊铺速度宜控制在 1~3m/min 的范围内。发现混合料出现明显的离析、波浪、裂缝、拖痕时，应分析原因，予以消除。

4）摊铺机应采用自动找平方式，下面层或基层宜采用钢丝绳引导的高程控制方式，上面层宜采用平衡梁或雪橇式摊铺厚度控制方式。宜采用非接触式平衡梁。

5）沥青路面施工的最低气温应符合规范的要求。每天施工开始阶段宜采用较高温度的混合料。

6）沥青混合料的松铺系数应根据混合料类型由试铺试验确定。摊铺过程中应随时检查摊铺层厚度及路拱、横坡。

7）摊铺机的螺旋布料器应相应于摊铺速度调整到保持一个稳定的速度均衡地转动，两侧应保持有不少于送料器 2/3 高度的混合料，以减少在摊铺过程中混合料的离析。

8）摊铺没有路缘石的路面时，应在两侧增加挡板，防止出现推移掉料等问题。

9）松铺系数应通过试验段确定。

5 碾压

1）混合料碾压方式应符合表 3-12 的规定。铺筑双车道沥青路面，应配置 3 台以上重量不低于 13t 的双钢轮压路机和 3 台以上重量不低于 30t 的轮胎压路机。

高模量沥青混合料碾压　　　　表 3-12

碾压程序	压路机类型	碾压遍数	碾压速度	碾压区间长度
初压	13t 以上双钢轮压路机	前静后振 2 遍	2～3km/h	20～30m
复压	30t 以上胶轮压路机	3～6 遍	3～5km/h	40～60m
终压	13t 以上双钢轮压路机	1～2 遍	4～6km/h	—

2）压实成型的沥青路面应符合压实度及平整度的要求，高模量沥青混凝土的压实层最大厚度不宜大于 80mm。

3）压路机的驱动轮应面向摊铺机，并遵循"紧跟慢压、高频低幅、先低后高、均匀少水"的碾压原则。

4）应保持碾压轮清洁。可涂刷隔离剂或防粘结剂，不应涂刷柴油。

5）压路机不应在未碾压成型路段上转向、调头、加水或停留。在当天成型的路面上，不应停放机械设备和车辆，不应散落矿料、油料等杂物。

6）沥青路面施工应选择合理的压路机组合方式及初压、复压、终压（包括成型）的碾压步骤，以达到最佳碾压效果。施工气温低、风大、碾压层薄时，压路机数量应适当增加。

7）压路机应以慢而均匀的速度碾压，压路机的碾压速度应符合上表规定。压路机的碾压路线及碾压方向不应突然改变而导致混合料推移。碾压区的长度应大体稳定，两端的折返位置应随摊铺机前进而推进，横向不得在相同的断面上，并根据压实厚度的不同，可适当增加复压遍数。

8）压路机的碾压温度应符合表 3-11 的要求，并根据混合料种类、压路机、气温、层厚等情况经试压确定。在不产生严重推移和裂缝的前提下，初压、复压、终压都应在尽可能高的温度下进行。同时不得在低温状况下作反复碾压，使石料棱角磨损、压碎，破坏集料嵌挤。

9）对路面边缘、加宽及港湾式停车带等大型压路机难于碾压的部位，宜采用小型振动压路机或振动夯板作补充碾压。

6 接缝

1）纵向施工缝。采用两台摊铺机成梯队联合摊铺方式的纵向接缝，应采用斜接缝。在前部已摊铺混合料部分留出 10~20cm 宽暂不碾压作为后高程基准面，并有 20cm 左右的摊铺层重叠，以热接缝形式在最后做跨接缝碾压以消除缝迹。如果两台摊铺机相隔距离较短，也可做一次碾压。上下层纵缝应错开 15cm 以上。

2）横向施工缝。全部采用平接缝。用 3m 直尺沿纵向位置，在摊铺段端部的直尺呈悬臂状，以摊铺层与直尺脱离接触处定出接缝位置，用锯缝机割齐后铲除；继续摊铺时，应将摊铺层锯切时留下的灰浆擦洗干净，涂上少量粘层沥青，摊铺机熨平板从接缝处起步摊铺；碾压时用钢筒式压路机进行横向压实。

3）高模量沥青混凝土路面纵向接缝施工中，应特别注意混合料碾压对温度的要求，纵接缝施工要求混合料温度取允许范围上限为宜，熨平板加热温度符合规范要求，施工碾压速度要快，应控制在混合料温度加热至 130℃前完成接缝处碾压施工。

7 开放交通

路面应待摊铺层完全自然冷却，混合料表面温度低于 50℃后，方可开放交通。

第4章 附属构筑物

4.1 路缘石安装控制要点

1 安装路缘石前先施工混凝土垫层（图4-1），再安装路缘石控制桩，直线段桩距宜为10~15m；曲线段桩距宜为5~10m；路口处桩距宜为1~5m（图4-2）。

图4-1 混凝土垫层

图4-2 上下双线控制线形

2 按桩线位置拉小线或撒白灰线，以线为准，对路面基层进行刨槽。刨槽深度应比设计要求加深10~20mm，以保证基础厚度，槽底应修理平整、夯实。

3 定桩挂线后，沿基础一侧把路缘石依次排好。安装路缘石时，先拌制1:3干硬性砂浆铺底，砂浆厚20~30mm，砂浆应饱满、厚度均匀（图4-3）。

4 路缘石背后宜浇筑水泥混凝土支撑，并还土夯实。还土夯实宽度不宜小于50cm，高度不宜小于15cm，压实度不得小于90%（图4-4、图4-5）。坡度路缘石按图4-6、图4-7处理。

图 4-3 采用专用工具安装

图 4-4 靠背混凝土侧模加固

图 4-5 靠背混凝土浇筑

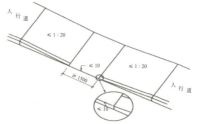
图 4-6 坡道路缘石处理示意图

图 4-7 坡道路缘石处理实例

图 4-8 成品养护

5 路缘石宜采用 M10 水泥砂浆灌缝。灌缝后应适当洒水养护，常温期养护不得少于 7d（图 4-8～图 4-9）。

6 路缘石应砌筑稳固、砂浆饱满、勾缝密实，外露面清洁、线条顺畅，平缘石不阻水。

第4章 附属构筑物

图4-9 成品保护

图4-10 采用卡具控制缝宽

7 相邻路缘石缝宽设计无要求时，缝宽宜控制为8mm且不应大于10mm（图4-10）。

8 路口、隔离带端部等曲线段路缘石宜按设计弧形加工预制，不得采用直缘石砌筑（图4-11～图4-13）。

图4-11 曲线路缘石控制

图4-12 直线路缘石砌筑成型

图4-13 曲线路缘石砌筑成型

9 雨水口处的路缘石应与雨水口相互配合施工。

10 路缘石安装验收合格后及时灌缝、勾缝，灌缝前应将路缘石内的土及杂物剔除干净，然后用符合设计要求的水泥砂浆灌缝填充密实。

11 路缘石背后宜浇筑混凝土，并还土夯实。还土夯实宽度不宜小于50cm，高度不宜小于15cm，压实度不得小于90%。

4.2 雨水口及支连管

1 管材、雨水口预制构件的质量应符合国家有关标准的规定和设计要求。

2 雨水支管、雨水口位置和深度应符合设计规定，且满足路面排水要求。

3 雨水口与检查井的连接管的坡度应符合设计要求。

4 雨水支连管、雨水口允许偏差应符合标准要求。

5 开挖雨水口槽及雨水管支管槽，每侧宜留出300~500mm的施工宽度，槽底应夯实。

6 预制雨水口安装应牢固、位置平正，基础顶面宜铺设20~30mm厚的砂垫层（图4-14）。

7 雨水管管端面在雨水口内的露出长度，不得大于20mm，管端面应完整无破损（图4-15）。

图4-14　预制雨水口安装

图4-15 雨水口砌筑示意

8 雨水口井壁表面平整，砌筑砂浆应饱满，勾缝应平顺，雨水管穿井墙处，管顶应砌砖券，井底应采用水泥砂浆抹出雨水口泛水坡（图4-16）。

9 井框、井箅应完整、无损，安装平稳、牢固，支、连管应直顺，无倒坡、错口及破损，管内无漏、滴漏现象（图4-17）。

10 位于道路基层内的雨水支连管应作C25混凝土全包封，且包封混凝土达到75%设计强度前，不得放行交通。

 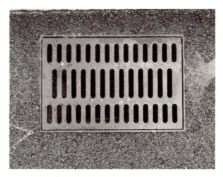

图4-16 井周围混凝土回填　　图4-17 井箅安装成型

参考文献

[1] 北京市政建设集团有限责任公司，中国市政工程协会. 城镇道路工程施工与质量验收规范：CJJ 1—2008[S]. 北京：中国建筑工业出版社，2008.

[2] 交通运输部公路科学研究院. 公路工程质量检验评定标准 第一册 土建工程：JTG F80/1—2017[S]. 北京：人民交通出版社，2018.

[3] 北京市政建设集团有限责任公司. 给水排水管道工程施工及验收规范：GB 50268—2008[S]. 北京：中国建筑工业出版社，2009.

[4] 北京市政建设集团有限责任公司. 给水排水构筑物工程施工及验收规范：GB 50141—2008[S]. 北京：中国建筑工业出版社，2009.

[5] 交通运输部公路科学研究院. 公路路面基层施工技术细则：JTG/T F20—2015[S]. 北京：人民交通出版社，2015.

[6] 交通运输部公路科学研究院. 公路水泥混凝土路面施工技术细则：JTG/T F30—2014[S]. 北京：人民交通出版社，2014.